◎ 本书系全国教育信息技术课题《"微视频习作"的
（立项号162943121）结项成果

# 微视频习作的理论与实践研究

王华星　著

吉林人民出版社

**图书在版编目(CIP)数据**

微视频习作的理论与实践研究 / 王华星著 . -- 长春：
吉林人民出版社 , 2022.8
　ISBN 978-7-206-19462-7

　Ⅰ . ①微… Ⅱ . ①王… Ⅲ . ①作文课 – 教学研究 – 小
学 Ⅳ . ① G623.242

　中国版本图书馆 CIP 数据核字 (2022) 第 154228 号

**微视频习作的理论与实践研究**

WEISHIPIN XIZUO DE LILUN YU SHIJIAN YANJIU

著　　者：王华星
责任编辑：门雄甲　　　　　　　　　　封面设计：吕荣华
吉林人民出版社出版 发行（长春市人民大街 7548 号）　邮政编码：130022
印　　刷：三河市华晨印务有限公司
开　　本：710mm × 1000mm　　　1/16
印　　张：14.75　　　　　　　　　　字　　数：240 千字
标准书号：ISBN 978-7-206-19462-7
版　　次：2022 年 8 月第 1 版　　　　印　　次：2023 年 1 月第 1 次印刷
定　　价：68.00 元

如发现印装质量问题，影响阅读，请与印刷厂联系调换。

# 序：追寻微视频习作教学的密码

与王华星老师相识，已记不清是多少年前的事儿了。只记得彼时的我正在研究"微电影创意写作"，而王华星老师也在微视频习作研究中乐此不疲，不少文章和课例见诸各大小语刊物。我们相识相知，即源于我们有共同的爱好——爱语文，爱电影，爱在电影媒体中发现隐藏其间的丰富习作素材和表达技巧。

我一直觉得，一个老师要想成为卓越的自己，必须专注一项，练就自己的绝招。王华星老师正是在众多的领域中发现了微视频与习作教学的神秘通道，十几年如一日地沉迷其中。

习作不好教，"文"与"人"的权衡、"破"与"立"的交融都是习作教学中难以运筹帷幄的盲点。为打通、探究这个"云遮雾绕"的领域，许多语文教师为之"百转千回"。对于新时代的学生来说，现存的习作教学方式已经在一定程度上遮蔽了他们的言语天性，让他们无法形成准确的、交际性的表达与交往。作为教师有责任为儿童开辟新的写作通道。

我所长期研究的微电影写作即是通道之一。其核心价值如下：

第一，电影艺术的直观性符合儿童的内在成长规律。儿童是经由身体的感觉去发现、认识世界的。小学阶段的儿童处在具体运算阶段（皮亚杰），主要透过感觉来学习。儿童大多"好动"，仿佛一刻都停止不下来，因为他们在用自身来感觉、认识并发现这个世界。电影艺术运用声音、色彩、画面以及高科技的拍摄手段，通过视觉造型将艺术以极强的真实感作用于儿童的感官，通过声、光、色以及逼真的影像和强大的视听冲击力给儿童带来强烈的感受，具有极强的视听性和逼真性。在一定程度上，电影为儿童模拟出一个可以真实感觉、感知的世界。这样的艺术形式对于儿童来说独具魅力，将电影与儿童写作融合能使他们在愉快的心境中接受感化，唤起儿童习作的兴趣与热情。

第二，电影题材的丰富性能够拓展儿童写作素材的广度。从目前儿童写作教学现状来看，仍存在素材缺乏、表述不当等问题。究其根源，这与儿童生活经验不足、获取直接材料的途径有限、不善于观察、间接材料的获取困难不无关系。电影是一门综合性的艺术，它题材广泛、包罗万象，是生活艺术的高度综合；它超越时空的界限，沟通过往今来，把鲜活的生活凝聚到小小的荧幕上。电影题材资源的丰富性让学生了解到各种不同的知识，体验到各种不同的人生经历，感受到各种不同的情感体验。另外，电影同文学作品一样，源于生活，高于生活。微电影中的某个画面、某种气味、某段音乐也许能在瞬间唤醒记忆原型，各种熟悉的生活场景一一浮现脑际，有助于弥补儿童日常生活的单调、社会经验的不足，进而打开写作视野，拓展写作素材。

第三，电影表现技法与文学语言手法的相似性能提高儿童的写作水平。电影的语言与文学的语言有着必然的联系。电影中的远景镜头相当于文学作品的群像描写；电影中的中镜头相当于写作中的个体描写；电影中的特写镜头相当于人物局部描写；电影当中有插入回忆或者倒叙，可以对应写作当中的插叙或者倒叙；电影镜头经常淡出或者淡入，对应写作当中的承上启下；电影中常用景色铺陈来渲染主人公的内心世界，对应写作的借景抒情；电影情节的跌宕起伏，对应写作的一波三折……微电影就是有声有色的范文，它比普通的范文更有吸引力，更贴合儿童的天性。

第四，微电影本身的无限创意能进一步激活儿童的创意思维。"麻雀虽小，五脏俱全。"微电影作为一种艺术品，它有着艺术品所有的特质。而且，浓缩的艺术精品要想引起别人的关注与喜爱，必须要在表现手法上出新。优秀的微电影必定是创新的典范。用这样的微电影教儿童创意写作，本身就是一种最好的示范。出人意料的结局、充满创意的构图、和谐美妙的配乐……会在潜移默化中传承给孩子们，进而锻造他们创新的思维方式。

第五，电影促进儿童精神的成长，又反哺儿童写作。童年既是长身体的最佳时期，又是长精神的最佳时期。而优秀的电影作品往往是精神内涵极高的艺术品，可以对人的精神世界产生巨大的影响，甚至可以影响一代人。电影走进童年，更能让儿童在光影的奇幻世界里得到艺术的熏陶，受到美的感染，提高审美情趣，促进精神成长。同时，儿童的精神成长反哺儿童写作。优秀电影作品通过美好的画面、经典的音乐、动人的语言、流动的故事……以更为直观的方式滋养着儿童的心灵，涵养着儿童的精神，润泽着儿童的生命！试问，一个长期浸润在优秀电影艺术作品中的儿童，他的写作能力会差吗？不会！因为电影透过声、光、电的直观形象已经将真、善、美的琼浆注入儿童的生命中，并转化成他们自己的精神血脉。

毫不夸张地说，微电影是儿童创意写作的绝佳范本。儿童成长内在规律与电影的契合、电影艺术语言对儿童写作能力提升的必然关系、电影本身的创意对写作的影响、电影对儿童精神成长不可小觑的力量……这一切，引领着我们将目光投向了电影与儿童创意写作的融合。葆有童心、迷恋电影、心中还装着童真的我们，悄悄打开隐藏在电影幕布后的那扇秘密花园之门，在声、光、色中，我们遇见了童年，发现了儿童，解锁了电影、儿童与写作之间的秘密。

把微电影写作与微视频习作放在一起进行比较，我们会发现，两者有异曲同工之妙，且微视频的素材更多，范围更广，与现实生活联系更紧密，技术障碍也更少。

十几年来，王华星老师在微视频习作中跋山涉水，探幽揽胜。微视频是信息时代的新概念、新事物，对于缺少理论高度、实践能力的老师来说，很难将新兴的媒体技术与习作教学做到理性衔接。而王华星老师能在微视频中发现丰富的表达元素，从儿童的心理特点、现实表达、交际需求等维度进行了分析、整合、实践、提炼，积累了丰富的视频分解能力、习作转换能力，形成了丰厚的理论体系和实践策略。他从课程的高度系统地阐述了微视频习作的概念、建设、操作等理论知识，为我们认识微视频习作，并对应到具体的课堂教学中，提供了明晰的、精准的科学理念和专业导向。

王华星老师是个有理想、有情怀、有思考、有能力的实践主义者。教学研究本质上是一种清冷、孤独的践行过程，需要在阅读和实践中不断提炼思想、深入课堂、反思总结，再到课堂上进行经验验证、理论提取、形成体系，并辐射到小学语文，尤其是写作教学的体系中。

这些年来，每当王华星老师围绕微视频开发出一堂新的课例，都会与我分享、交流，让我看到了他系统的作文教学思想和成熟、睿智的教学风格，我由衷地为他的成长感到高兴，也为小学语文群体里有这样一位见识非凡、颇有建树并充满教育情怀的草根名师感到自豪。

阅读他的《微视频习作的理论与实践研究》，可以看出微视频具有丰富的包容性和延展性，可以运用到各种类型的课例当中。王华星老师从语文学科的本质层面出发，围绕微视频的特殊形式，带领他的团队从教材体系的层面开发了口语交际训练、统编阅读教学、统编教材习作等课例，将习作渗透到统编教材的全局体系中，为统编教材的研究和落实提供了另一种与时代接轨的信息化途径。

最精彩的是，除了与统编教材相关联的课例之外，王华星老师还自主开发了一系列可借鉴、可迁移的微视频习作课例，他从观察训练、人物描写、叙事抒情、应用写作和科学幻想等角度系统地向我们呈现微视频如何在不同的写作技能训练中发挥出最大的效用，也告诉我们，大数据时代的习作教学不仅要从现在的视角去关注如何更好地走向未来，更要从未来的视角来反观如何建设现在。唯有如此，我们才能真正通过社会交往层面建构新型的习作教学，让儿童找到他们真正的言语生命。

让我钦佩的是，王华星老师不仅自己走在微视频习作研究的前列，还带领他的团队进行项目研究，这种务实、深入的研究方式成就了一群热爱语文、热爱习作教学的教师，帮助他们在专业发展的道路上走出了自己的风格，凝聚了独特的专业实践智慧。

作文教学研究是清苦的，只有不断为自己设置障碍，再不断攻克障碍，才能承受千淘万漉的折磨，获得成长的真密码。

祝福王华星，祝福他的团队，祝福每一位追逐梦想的"小语人"。

张祖庆

2022 年 4 月

## 目 录

下篇　微视频习作的课堂实践

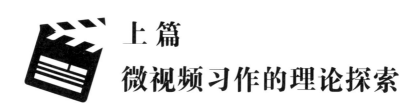

上篇
微视频习作的理论探索

# 第一章 微视频习作的概念诠释

随着互联网和电子设备的发展，微视频悄然兴起，逐渐在各行各业中崭露头角。尤其是近年来，微信"视频号"、抖音、快手等短视频平台异军突起，以其丰富活泼的形式对社会生产、生活领域产生了极大影响。我们与时俱进，尝试将习作和微视频联系起来进行创新，探索出一条习作教学的新路径，即"微视频习作"。

## 第一节 什么是微视频习作

微视频习作是一种全新的习作教学方法，是对习作教学路径的创新探索，对优化小学习作教学、提高学生的习作能力具有重要的价值和意义。

本节主要阐述微视频习作的概念和内容，通过对习作教学、微视频等基本情况的介绍，分析微视频习作的组成部分和形式，帮助各位老师更好地理解微视频习作。

### 一、认识习作教学

习作是运用语言文字进行表达和交流的重要方式，是认识世界、认识自我，进行创造性表述的过程。习作教学的过程和原则具体如下：

#### （一）习作教学的过程

习作教学一直是小学语文教学过程中的重点和难点，不仅要培养学生的语言表达能力，还关系学生综合能力的提升，具有举足轻重的地位。

习作教学的完整过程包括四个阶段，即命题、指导、批改、讲评。具体而言，命题是学生进行习作的依据，指导是习作教学的核心，批改是讲评的依据和准备，讲评则是对习作的总结和提升，缺一不可。

教师应当减少对小学生写作的束缚，为学生的自主写作提供有利条件和广阔空间。具体做到以下几点：一是不要过多让学生写命题作文，而应提倡学生自主拟题，以进行自由表达和有创意的表达，这样学生才会有话可写；二是减少对学生作文形式上的要求，更多注重内容的表达，条条框框很容易压抑学生的灵感，阻碍学生情感的表达；三是不要过多地强调文章的思想性和有意义，应提倡学生写出自己的真情实感。

**（二）习作教学的原则**

习作是小学语文教学中不可或缺的重要部分。在开展习作教学时，教师应当遵循以下原则，以达成习作教学的目标。

1. 主体性原则

习作过程本身就是学生运用积累、独立思维、组合加工的过程，因此充分发挥学生的主体作用是习作教学的关键。

教师应当始终贯彻"以学生为主体"的教育思想，充分尊重学生的兴趣、思想、情感和心理发展特点，引导学生主动观察事物、主动构思成文，充分表达自身的情感，以做到因势利导、因材施教。另外，作为引导者和辅助者，教师不应当将自己的审美强行安置到学生身上，不应当用自己的理念束缚学生的头脑，不应当压抑学生的个性和风格，而应当创设宽松和谐的习作氛围，鼓励学生进行自由的发展和创作，引导学生找到"自我"。

2. 个性化原则

个性化原则强调在习作教学过程中尊重学生的个体化差异，即将集体教学和因材施教结合起来，针对学生的个性差异制定相关的教学方式，以积极发挥每个学生的积极性和特长，使学生的个性得到充分发挥与和谐发展。

在进行习作教学时，教师应尽可能地尊重学生在年龄、性别、兴趣、习惯、智力甚至家庭环境等方面的差异，采用不同的教学方式和评价标准，鼓励学生畅所欲言，做到"多肯定少否定、引导多限制少"，包容学生在习作中的各种思想观点和风格特点，尊重学生在习作构思、语言、写法等方面表现出来的个性特色。

需要注意的是，个性化原则并不是对学生习作缺陷的迁就和容忍，而是尊重学生的个人特色，并在此基础之上积极引导学生进行习作创造。

3.渐进性原则

渐进性原则强调习作知识和技能的连续性和计划性。从低年级到高年级的习作训练应当具有一定的等级层次和教学梯度，这样才能形成系统的习作体系。

在进行习作教学时，教师应当遵循学生的认知规律，从浅到深、从易到难、由表及里、由具体到抽象，有计划地设计习作教学课程，如习作训练的内容应当有所侧重，使之符合学生的心理特点和认知规律。通过丰富有益的活动培养学生观察和分析事物的能力，逐步提高学生的观察能力、想象能力、思辨能力等，使学生勤于思考、乐于写作。

4.鼓励性原则

鼓励性原则强调鼓励学生进行大胆尝试，在习作中充分发挥自己的想象和联想。

在进行习作教学时，教师应当激发学生的习作兴趣，鼓励学生注意观察周围的事物以积累习作素材，并鼓励学生在习作中进行大胆尝试，发挥自身的想象能力并进行写作，对他人的作文进行评论和交流，以更好地进行习作。作为教师，应当意识到习作是学生付出很多精力写出来的，必须要真诚对待学生的作品，对积极向上、健康有益的习作给予肯定和鼓励，对有失偏颇、思想过激的习作则给予善意和真诚的帮助。

## 二、认识微视频

随着互联网的发展，影像的传播方式逐渐发生了改变，各种微电影、微宣传片、微电视片段层出不穷。这些微视频的出现极大地提升了信息的传播速度，实现了即时传播。

### （一）视频和微视频

1.视频的概念

视频是指将一系列静态影像以电信号的方式加以捕捉、记录、处理、存储、传送与重现的技术。连续的图像变化每秒超过24帧画面时，根据视觉暂留原理，人眼无法辨别单幅的静态画面，看上去是平滑连续的视觉效果，这样连续的画面叫作视频。

简单来说，视频中记录着场景画面，以连续的形式播放给观众，让观众看到连续的、动态的画面，再利用其声音和画面同步的特点，让观众产生身临其境之感。

2. 微视频的概念

所谓微视频，是指短则 30 秒或长则不超过 20 分钟的视频，具体包括小电影、记录短片、广告片段、DV 短片、宣传片等，可以通过多种视频终端摄录或播放（手机、电脑、摄像头、DV、DC）。

微视频的涵盖内容广泛、形态多样，具有视频定格、交互和共享的功能，能够帮助人们随时随地享受视听盛宴，因此受到众多行业的追捧。从习作教学资源的视角审视微视频，其具有文学性、技巧性、审美性等独特优势。

**（二）微视频的特点**

1. 文学性

微视频作为一种受众广泛的媒介，不仅可以传达出社会生活的信息（普法宣传片），还承载着情和意（亲情、友情和爱情的宣传片）的传递，其生动直观的画面、优美真挚的场景、扣人心弦的文字极易引发观众对人性的关怀和共鸣，引起观众内心深处的情怀和意趣，甚至在"惊鸿一瞥"中触发自身的感悟，具有一定的文学性。

2. 技巧性

微视频包含电影艺术的一切要素和特征，其叙述风格和方式是精雕细琢地呈现出来的，通常比较注重情节和戏剧冲突，具有一定的技巧性。

3. 审美性

微视频的创作手法多样，包括想象、象征、夸张、变形等，借助精微的细节、微妙的色彩、特殊的场景等，配合相适应的主题音乐，让观众获得审美情趣，具有一定的审美性。

**（三）微视频的类型**

根据微视频内容的不同，微视频可以分为情节类、记录类、其他短片类三种类型。

1. 情节类微视频

情节类是指具有一定情节的微视频，以微电影为主，或讲述一个故事，或阐述一个场景。

2. 记录类微视频

记录类是指写实性的短片，多记录人们日常的生活片段或缩影的记录，包括人的特写、事件的过程等。

3. 其他短片类

其他短片类微视频多是记录新颖有趣的事情或故事。

一般来讲，以教学为目的的微视频类型主要包括 5 种，即概念讲解、操作示范、实验展示、情感呈现、事件描述等。

1. 概念讲解类微视频

概念讲解类微视频主要针对有着复杂过程或难以用语言描述的概念知识，通过播放相关微视频，以辅助教师对概念进行形象生动的讲解，提高课程的教学效率，旨在帮助学生快速掌握相关概念。

2. 操作示范类微视频

这类微视频主要针对具有复杂过程的事项（舞蹈、体育等技能展示），通过播放相关微视频将复杂的事情简单化，帮助学生快速掌握相关操作步骤。

3. 实验展示类微视频

这类微视频主要针对相关实验进行展示，通过播放相关实验视频，将实验过程展示给学生，以帮助学生更好地进行实验。

4. 情感呈现类微视频

这类微视频主要针对艺术、文学、音乐等领域，通过播放相关的情感视频将微视频中蕴含的强烈情感呈现出来，以帮助学生更好地体会其中的情感和思想。

5. 事件描述类微视频

这类微视频主要针对具体的事件，通过播放相关的微视频将事件的前因后果进行呈现，旨在帮助学生更加清楚地了解事件。


## 三、微视频习作的理论依据及课程类型

随着"微"的概念在生活中越来越普及，微信、微博、微视频等相继出现，其中微视频吸引了专家、学者以及一线语文教师的关注。微视频具有短而精的特点，可以有声有色地传递海量信息，符合小学生的认知规律。

所谓微视频习作，是指在习作教学过程中，以精准、科学的习作目标为核心，通过微视频的适时介入，在立体和动态的视觉画面的感染和激活下，引导学生积累言说经验、优化语言品质，进而提升学生的表达水平和表达能力，最终提升学生的习作能力。

从上述微视频习作的概念中不难看出，微视频是一种媒介和工具，其能够有效感染和激活学生的思想和情感，提供可以借鉴的习作技法，为学生写作打

下基础。

（一）构建微视频习作的理论依据

坚实的理论依据是进行研究和实践的基础。一般而言，微视频习作的理论依据主要包括以下几个方面。

1.建构主义理论

建构主义是认识世界的一种方法，主要从世界观、知识观、学习观和教学观四个维度出发，探索知识和学习的本质，为构建微视频习作教学提供坚实的理论基础。

建构主义理论强调学生进行写作的构建过程，即学生在生活中获得新的经验，并将新的经验融入大脑已经理解的事物，最后对自己所处的世界赋予意义的过程。当学生面对自己不了解的事物、现象或思想时，不论用现有的认知规则进行解释还是创造新的规则进行说明，实际上这都是人的理解和规则在不断进行互动，并形成个人特有理解的过程。因此，可以说学习的过程是构建个人对世界上事物、现象或思想的理解过程。从这个意义上说，建构主义的教学目标是学生进行深入理解、形成自己的内在认知，呈现出自身的认知发展能力，而不是简单模仿。

微视频习作基于建构主义理论的观点，强调学生在微视频习作中自我、主动地参与，在习作中建构自己的理解和认知，按照自己的相关兴趣建立知识之间的联系，得出独特的结论，有利于激发学生内在建构的积极性。

2.儿童心理发展理论

写作不仅是一种认知过程，更是反映人内心、关注内在的运动，在进行习作时，学生的心理也在同步发生变化。因此，在研究微视频习作教学时，教师必须关注儿童心理发展等因素。

从狭义的角度出发，认知心理学是用信息加工的观点来说明人的认知过程，即人接受、编码、操作、提取和利用知识的过程和人的知觉、注意、思维、记忆、语言等密切相关。

从广义的角度出发，认知心理学的重点在于研究人获得知识的过程，进而探究人类认知活动的本质规律。

无论从哪种角度出发，教师应当注意到认知结构并不是先天形成的，而是一点一滴地构建起来的。通过认知结构不断建构和转换，儿童的认知发展才能得到实现，这是儿童认知发展的本质。因此，不同年龄阶段儿童的认知能力有所差异。在指导习作时，教师需要针对儿童认知发展的特性（儿童认知发展具有水平的差异性），设定出不同阶段的写作知识和能力，以符合当前儿童的认知发展，最终实现平稳过渡。

同时，教师应注意到，儿童认知的发展和周围环境具有密切的关系。儿童认知发展理论认为，儿童在面对外部环境时往往会有自己对这个世界进行解释的方法和原则，内心有自己独特的秩序，而这在成人看来，会觉得儿童的世界和思维是独特的，难以理解。如果教师不能理解儿童探索世界的机制，甚至对儿童探索世界的行为进行阻挠、干涉、破坏，那么必定会影响儿童认知心理的发展。

对于儿童而言，他们的视野常常落在环境中的细小事物之中，其视野是不同于成人的，一个小点、一个小洞往往最能引起儿童的注意，他们还会用耳朵、眼睛、鼻子、手等器官去探索和感知世界，用自己的经历将环境内化，具有巨大的探索能力。因此，教师需要针对外部世界和环境，并结合儿童发展的认知规律，注意学生的观察敏感期，帮助学生对自己感兴趣的事物进行观察，以更加有效地培养学生的观察能力。特别是在小学中段，教师应当适时对孩子进行引导和帮助，建立良好的观察体系，培养学生的观察习惯和能力，学生在观察中逐渐认识到事物的本质。

3. 自我效能感理论

20 世纪 80 年代，美国心理学家班杜拉创立自我效能感理论，为关注学生个体的精神世界提供了理论依据。所谓自我效能感，是指人体在完成某些任务时对自身能力的一种信念和信心，这种信念对个体成功执行行动、得到想要的结果具有积极的影响。

在语文教学中，最个性化、最有利于学生在自我认知的基础上认知他人、认知世界的就是习作。通过习作可以反映出学生的内心活动和感受，而写作完成后最能体现学生自信、自尊以及自我效能感，较高的自我效能感可以使学生在写作中更加游刃有余。因此，语文教师需要善于利用自我效能感，不断帮助学生在习作中获得较高的自我效能感，以反过来提高学生的习作能力。

通过微视频这种通俗易懂、形象生动的媒介能够有效唤醒学生的情感和记忆，并激活学生的思维，使学生"有话可说"，有效降低学生习作的难度。例如，让学生描写春天的场景，某些学生可能存在一定的难度，不知从何处下笔，但是通过播放相关微视频，为学生呈现春天生机勃勃的场景，只要学生愿意，不用绞尽脑汁就可以轻松写出来。微视频习作简单易行，具有较高的效率，可以不断为学生带来成就感和自我效能感，从而提升学生的习作能力和水平。

**（二）微视频习作教学课程类型**

目前，笔者积极尝试微视频习作教学，开发出三种基本课型，即微视频复述课、微视频赏评课、习作技法指导课。

1. 微视频复述课

微视频复述课是指通过播放某些具有代表性的场景的微视频，引导学生用文字如实记录或创造性描述场景。例如，在指导学生描述拔河比赛时，教师可以播放现场录制的微视频，为学生呈现紧张激烈的拔河场景，并诱发学生的言说欲望，进而引导学生根据微视频如实地记录相关场景和细节。当然，学生也可以在微视频的基础上，充分发挥自身的想象或联系自身以前的经历，创造性地展开描述。

2. 微视频赏评课

微视频赏评课是指播放某些具有艺术价值的微视频，引导学生用文字表达观后感，甚至尝试鉴赏微视频艺术。例如：教师可以播放《城南旧事》相关的影视片段，通过微视频形象生动地呈现"小英子"的喜怒哀乐，引起学生的情感共鸣，以帮助学生更好地写出观后感。

3. 习作技法指导课

"习作技法指导课"是指围绕习作课的核心知识点，适时介入具有相关技法的微视频，对习作技法进行直观详细的呈现或讲解，以指导学生掌握并运用相关习作技法。例如，在为学生讲解环境烘托、内心独白等习作技法时，教师可以结合微视频的相关表现法，直观展现出技法的价值和用途，帮助学生更好地掌握习作技法。

# 第二节　微视频习作概念提出的背景

习作能力是语文素养的综合体现，是学生语文学习的重要能力。然而，习作又是学生语文学习道路上的"拦路虎"，是困扰学生和教师的难题。为创新习作学习路径，帮助学生更好地进行习作，微视频习作应运而生。

## 一、习作教学的现状

习作的根本意义在于将自己内心的感悟、思索和表意浅显的文字结合起来，用以表达内心的真实情感和诉求。不少学生对习作的兴趣高涨，但进行表达或写作时提笔忘词，或只言片语，或日常白话，无法传递出内心的真实感受，这是小学生习作时遇到的最大阻碍。

对于语文教师而言，教一篇会一篇，学生作文往往千篇一律，这是其所面临的教学困境。

总而言之，目前小学语文的习作教学现状不容乐观，主要存在以下几个方面的问题，需要教师有针对性地、创造性地逐一解决，这样才能真正提高学生的语言表达能力。

### （一）学生对习作缺乏兴趣

学生提起作文就感到害怕和厌烦，认为写一篇文章仅是完成教师交给自己的任务，而忽略了身边事物的美和内心真实情感的表达，因此写出来的东西缺乏童真童趣。

为什么会出现上述现象呢？在习作教学中，部分教师已经习惯用成人的眼光审视孩童的习作，其评价标准错位，常导致学生下意识地按照相关标准进行习作，久而久之，就会失去对习作的兴趣和热情。

### （二）习作言之无物、言之无序

有的孩子对周围事物不敏感，缺乏发现美的眼睛。即使一些有价值的东西，他们并不进行特意观察，因此在进行写作时，他们感到没有内容可写。

同时，对不少孩子来说，即使有充足的写作素材，但由于缺乏基本的逻辑和思维，其文章显得没有次序。

### （三）习作情感缺失

部分学生在进行习作时喜欢"编故事"，但这些故事缺乏真实的情感，极易导致习作存在情感缺失。

综上所述，在习作教学中存在的现实问题制约着孩子的习作水平，限制着孩子思维、情感的表达。因此，语文教师应当针对上述问题及问题产生的原因进行分析，找到新的习作教学策略和方法。这是习作教学的当务之急。

## 二、微视频的兴起

近年来，随着经济水平的不断发展和人们审美层次的不断提高，同时受到视觉特效技术和视频设备的积极影响，各种类型的微视频不断涌现，微视频的制作越来越精良，其质量越来越高。

和传统媒介相比，微视频具有短、快、精的特点，同时其内容直观形象、动态逼真、音图俱备，可以带给人们更多的感官刺激。微视频一经问世，便以其独特的价值优势迅速占领市场，各种类型的微电影、微视频层出不穷，在各行各业中应用十分广泛。可以说，社会普遍进入了"微"时代。

具体到习作教学中，引入微视频可以打破小学语文传统教学的限制，创造更加真实的教学情境。

对于儿童来说，其是以表象思维进行思考的，即儿童在脑海中先想到画面，然后进行分解、组合和想象，最后才会进行判断。例如：在约小孩子去公园玩时，他脑海中会浮现公园的场景，想到在公园嬉戏玩耍的情形，最后才想是否要去公园。由此可见，儿童的思维通常是表象的。因此，在进行写作时，教师必须尊重儿童的心理特点和认知规律。而微视频这一媒介具有直观形象的画面，契合儿童的思维形式，将其引入习作教学之中，常常能够达到事半功倍的效果。

因此，我们有必要开展微视频习作教学研究，对微视频习作教学理论进行探讨，优化和提升习作教学的目标、过程、手段等，培育学生的言语表达、思维品质、审美情趣等内在核心素养，为习作教学开辟新的转化路径。

### 三、习作教学新理念的出现

近年来，小学写作教学研究不断拓展，通过一线教师和专家学者的纵深推进，其习作理念、思维发生了根本性的变革。

首先，在理论研究方面，不断有新的理念和思维进入人们的视野。例如：金立义在《习作教学：从立言走向立人》一文中提出，要引导学生观察自然，体验人生，参与生活，表达生活；而写作教学的终点应指向"立人"，做一个关注社会、热爱生活、人格健全的人。又如：谈永康在《"真作文"：为了每个孩子都会写作文》文章中提出，要培养学生"四个意识"，即"真兴趣"意识、"真素材"意识、"真修改"意识、"真交流"意识。

其次，在习作教学难题方面，对生活化作文有了新的探索，并对破解写作教学中的难题提出新的思路。比如：王旭明在《以求真务实精神促进语文教育健康发展——兼论真语文理念及其指导下的课堂教学》一文中提出九点建议和设想；代顺丽在《以情境为抓手教写作》一文中，从写作背景、写作信息、写作功能和写作任务四个要素出发，具体阐述如何创设写作情境等等。

最后，在习作教学实践方面，也有很多学者和教师积极创新，积极应用现代科学技术开拓习作教学新路径，如张祖庆老师开发的微电影创意写作课等。

综上所述，微视频的不断发展、习作教学新理念的出现为微视频习作教学提供了相关的媒介工作和理论支撑，值得我们在习作教学中应用和推广。

# 第三节 微视频习作的教学价值

写作是认识世界、认识自我、进行创造性表达的过程。习作需要技法指导，但更需要教师带着习作的火种走进课堂，去"激活"，去"唤醒"，让习作成为学生生活的需要，把习作变成学生童年的一件乐事。

微视频习作是笔者近年来致力研究的一种习作教学新路径。将精选的微电影、影视片段、生活随拍等微视频引入课堂，通过反复播放、"读"写结合等方式指导学生习作，能再现生活场景、激活情感思维、诱发言说欲望、拓宽习作"材源"、迁移写作技巧。用有声、有色、有趣的微视频来促进写作，契合儿童的天性，能在帮助儿童思维发展的同时促进儿童的语言发展，有利于拓展他们的精神疆域，提升他们的精神品位，其价值主要体现在以下方面。

## 一、再现生活场景，激发习作兴趣

微视频作为一种教学资源，将图片、声音和文字等集于一身，可以生动形象地呈现一定的场景和画面，且其呈现形式具有一定的趣味性，可以引起学生的回忆和关注，方便学生对相关场景的理解和记忆。

微视频可以记录生活的点点滴滴，再现真实的生活情境，对唤起学生的相关记忆或为学生提供日常的生活场景具有得天独厚的作用。学生还可以通过微视频对不曾认真观察的场景、细节进行掌握和了解。例如，学生可以通过微视频了解蝴蝶破茧成蝶的全过程，从而使文字描述再现就成为可能。微视频的作用，不仅在于形象直观地再现生活，增加习作的趣味性，更在于唤醒、增强学生对生活场景的回忆和理解，最终写出较为生动的文章。

需要注意的是，教师应当根据小学生的成长规律和思维方式，选取小学生可以理解的微视频进行播放。

## 二、激发学生思维，放飞想象空间

美国教育学家奥多·W.海伯说过："要想写清楚就必须想清楚；要想写得充分，就必须想得充分。"由此可见，学生要想写好习作，需要具备灵活的思维。

微视频虽然仅有短短几分钟，但其信息容量很大，具有较强的浓缩性，可以突破时空的限制，激活学生的想象思维。

和电影相似，微视频的内容比较广泛，涵盖"天文地理""未来过去"等内容，不仅可以播放浩瀚宇宙中的场景，还可以播放神秘迷人的大海中的景象，甚至播放具有无限想象空间的有关未来的科技片段……微视频的内容精彩纷呈，可以放大时空，放大学生的观察视野，进而激发学生的情感思维，使学生的思维更加活跃，驰骋在无限的时空之中。

## 三、启发语言表达，情动而辞发

将微视频引入习作指导，能够为传统的习作教学带来全新的视界，探索微视频习作教学之路。例如：教师可以选取微电影中具有情感震撼力的片段进行播放。影片中极具感染力的声音和画面会有效触动学生的情感，在不知不觉中和微电影人物实现共情，甚至在后续的交流中引起学生吐之而后快的言说欲望。这有利于学生的习作表达，能够在一定程度上促使学生写出情真意切的文章。

## 四、拓宽习作材源，获取表达基础

学生对素材的选择往往分为两个阶段，一是获得大量形象生动且具体的感性认知和表象，即将过去自身经历的事情转变为习作素材；二是对感性认识进一步加工，提供思维的理念材料——概念，即充分的知识积累。例如，学生在获取习作材源时，不仅需要有丰富的表象认知，还需要用充分的知识积累来寻找恰当的词语描述。

学生在习作时，其素材的选择总是以感情、印象、直觉等进行筛选，这些素材往往是时断时续且不清晰的。因此，教师应当创设各种情境或氛围帮助学生消除这些障碍，将这些模糊不清的画面变得形象具体，最终使学生自由顺畅地将自己所看、所思、所听的事情用恰当的语言表达出来。

微视频这种媒介，可以为学生提供生动的场景和画面，让学生接触到大量的习作素材。无论是微电影、影视片段，抑或是随手拍摄的 DV，都是现实生活的再现。学生可以通过反复观看、交流写作对象的形象特征来获得详实的写作素材。同时，微视频的时长有限，往往具备鲜明的主题、精巧的结构、紧凑的情节，不会拖沓冗长，在课堂教学方面有很强的适切性。

### 五、迁移写作技巧，优化表达品质

微视频在情节展开、人物刻画、环境渲染等方面与文章的写作技巧惊人相似，可以为学生习作提供许多借鉴。通过微视频直观地呈现技巧可以帮助学生快速了解和掌握习作技巧。

例如：笔者曾在习作课堂上引入《家有儿女》的视频片段：先将视频静音，让学生在郁闷中体会到让习作中的人物开口说话的必要性；接着用原声视频与干巴巴的文字进行对比，让学生发现动作、语气、神态描写对表现人物的重要性；然后填写提示语，探究表述的奥秘，进行迁移运用。这样，学生便能在视听活动中轻松习得写好人物对话及语言提示语的写作技巧。此外，在文章的开头方法、情节的处理方法、场景的描写方法等一系列习作技巧的指导下，利用微视频来辅助教学，收效颇佳。

通过微视频习作不仅可以教会学生如何细致观察生活，还可以让学生从中学到许多写作技巧，如设置悬念、环境切入、开门见山之类的开头方法，巧设误会起波澜等有效处理故事情节的方法，以及点面结合的场面描写方法。

# 第二章　微视频习作的课程建设

完整的课程体系建设包括课程目标、课程内容以及课程评价。具体而言，课程目标起着主导作用，决定着课程的内容和评价；课程评价起着反馈作用，可以有效改善和提升课程内容的质量；课程内容是课程建设的核心，通过课程内容可以有效提高学生能力，达成课程目标。

本章主要介绍微视频习作的课程目标、课程内容以及课程评价，旨在帮助语文教师构建完整、系统的微视频习作教学思路。

## 第一节　微视频习作的课程目标

微视频习作是一门写作和观察属性较强的课程，需要孩子进行观察、想象、思辨和写作，对培养和提升孩子的写作能力大有裨益。

在设定微视频习作目标时，教师应当以习作教学的目标为基础，这样才能制定出科学合理、具有针对性的微视频习作课程目标。本节主要从课程教学要求、课程性质等方面出发，阐述微视频习作教学的课程目标。

### 一、课标中的习作目标要求

《义务教育语文课程标准》中对习作总目标做出相关阐述，即"能具体明确、文从字顺地表述自己的意思。能根据日常生活需要，运用常见的表达方式写作"，这在一定程度上为我们构建微视频习作总体目标提供了参考和思路。

根据学生所处的学段、思维方式、掌握语言水平的不同，课标中对不同学段的习作目标做出不同要求，现总结如下。

（一）第一学段：写话

对于第一学段（一、二年级）的学生而言，他们天真烂漫，教师应当呵护这种童真童趣，而不是过早地教给学生习作技巧和方法，其具体要求如下：

（1）对写话有兴趣，写自己想说的话。

（2）在写话中乐于运用阅读和生活中学到的词语。

（3）根据表达的需要，学习使用逗号、句号、问话、感叹号。

（二）第二学段：习作

对于第二学段（三、四年级）的学生而言，他们已经具备一定的词汇量，并对周围事物具备强烈的好奇心，教师应当充分培养学生的习作兴趣，其要求如下：

（1）留心周围事物，乐于书面表达，增强习作的自信心。愿意将自己的习作读给人听，与他人分享习作的快乐。

（2）能不拘形式地写下自己的见闻、感受和想象，注意把自己觉得新奇有趣或印象最深、最受感动的内容写清楚。

（3）能用简短的书信便条进行书面交流。

（4）尝试在习作中运用自己平时积累的语言材料，特别是有新鲜感的词句。

（5）学习修改习作中有明显错误的词句。根据表达的需要，正确使用冒号、引号等标点符号。

（6）课内习作每学年 16 次左右。

（三）第三学段：习作

对于第三学段（五、六年级）的学生而言，他们已经具备一定的思辨能力，其习作要求如下：

（1）懂得写作是为了自我表达和与人交流。

（2）养成留心观察周围事物的习惯，有意识地丰富自己的见闻，珍视个人的独特感受，积累习作素材。

（3）能写简单的纪实作文和想象作文，内容具体，感情真实。能根据内容表达的需要，分段表述。学写常见的应用文。

（4）修改自己的习作，并主动与他人交换修改，做到语句通顺，行款正确，书写规范、整洁。根据表达需要，正确使用常用的标点符号。

（5）习作要有一定速度。课内习作每学年 16 次左右。

从上述不同阶段的习作教学目标中可以发现，习作教学目标是逐层递进的，其目标的设定符合儿童认知的规律和发展特点。因此，在制定微视频习作课程目标时，教师必须予以遵循，并参照执行。

## 二、微视频习作课程目标

微视频习作课程是小学阶段学生的习作训练课程，主要由微视频切入和习作训练两大要素融通组合而成，是以激发兴趣、培植信心为基础，涉及学生观察能力、想象能力、思辨能力以及写作能力培养的综合课程。

### （一）微视频习作的总体目标

结合《义务教育语文课程标准》习作总目标，在符合学生思维发展的基础之上，微视频习作课程的目标应当包括以下几个方面。

1.激发写作兴趣，培植自信，易于动笔，乐于表达

目前，部分学生对习作存在畏难情绪，忽略了习作真正的乐趣和价值。实际上，习作并不是让人烦恼的学习任务，而是一种工具，用来表达学生的所见、所闻、所感，充满着无限的乐趣。通过构建微视频习作课程可以让学生充分感悟到习作的乐趣，使学生培植自信，乐于真实而有个性地进行表达，而这正是微视频习作课程的首要目标。

习作要想成为学生的生活乐趣，就应当让孩子将写作视为一种"游戏"，营造适合儿童活动本性的习作教学，通过具体的习作活动丰盈孩子的习作体验。微视频习作课程可以介入或新奇有趣，或充满哲理，或意趣盎然的微视频，帮助学生懂得习作和微视频的相似之处——表达自身的感受，以深刻体会习作的魅力所在，唤起学生言说的欲望，排除他们对习作的"畏难"情绪，唤起他们对习作的兴趣和热情。

2.减少束缚，说真话、实话、心里话，能够真实而有个性地表达

对于微视频习作课程而言，其目标不仅仅是唤起学生对习作的热情和兴趣，还应当立足学生现实需要，帮助其进行真实而有个性的表达。例如：掌握观察作文和想象作文的基本用法，通过观察生活中的场景可以条理清晰、内容具体地进行语言描述，可以编写出具有想象空间的故事。又如：掌握说理文的用法，可以针对热门话题、生活现场发表自己的看法。再如：掌握应用文的基本用法，可以用简短的书信、便条进行交流等。在学生日常生活中，这些习作文体具有重要的作用和价值。教师应当针对具体的目标引入恰当的微视频，以

帮助学生减少束缚，鼓励他们说真话、实话和心里话。总之，微视频习作课程应当关注学生的现实需求，培养学生的表达能力。

3.具有敏锐细致的观察力和丰富大胆的想象力

提高学生的语言表达能力是微视频习作课程的最终目标，同时是学生进行习作学习的主要目标。语言表达能力包括观察能力、想象能力、思辨能力、审美能力、写作能力等，是一种综合能力。

微视频的类型多样、内容广泛，不仅可以有效激活学生的想象能力，培养学生的思辨能力，还可能通过反复观察、定格慢放等方式提高学生的观察能力，并在此基础上提高学生的语言表达能力。

4.具有一定的审美能力，让学生拥有较高的文化品位和健全的人格

微视频习作课程的另一大目标是提升学生的审美能力。通过有声有色的、画面布局合理优美的微视频可以有效培养学生的审美能力，帮助他们写出具有审美品位的习作。

### （二）微视频习作的阶段目标

为保证微视频习作的时效性，教师应当将习作目标进行序列化、系统化，以免同类习作内容反复出现，使学生的习作能力分阶段提升。这里将微视频的习作目标分为低、中、高三个学段，螺旋推进，其阶段目标如下。

1.第一学段

观看形象直观的微视频，激发写话兴趣，乐于表达，进行句式训练，运用阅读和生活中学到的词语把句段写清楚，有一定的表现力，激活想象力，展开丰富的想象，能自由大胆地创编简短童话。

2.第二学段

通过观看微视频学会观察周围世界，善于发现，进行段式训练，运用有新鲜感的词句使表达言之有物、言之有序、言之有情。通过学写童话等想象作文发展想象力，培养创新思维。

3.第三学段

通过观看优质微视频丰富见闻，珍视独特感受，积累习作素材，以我手写我心，以我心抒我情，通过配音、解说、采访、辩论等言语实践训练思辨，学写观后感、影视评论等应用文，提高综合能力。

# 第二节　微视频习作的课程内容

微视频习作的课程内容是提高学生习作能力的核心，决定着课程目标能否实现，具有重要的作用和价值。微视频习作课程内容的关键在于根据微视频的主题、内容以及表现手法等巧妙地将其融入习作教学之中。

围绕微视频课程习作的目标，基于教材习作安排和学情需求，我们开发出"教材单元习作"和"自主开发习作"两大课程模块。两者相互补充、相辅相成，共同构成了微视频习作的课程内容。

## 一、建设"教材单元习作"课程模块

围绕微视频习作的教学目标，教师可以整合语文教材中的表达训练元素，对教材中的口语交际、随文练笔、单元习作等板块进行课程开发，涵盖文学性写作和实用性写作等若干训练单元，使课程内容更加具有针对性和实用性。

### （一）统编教材的表达要素分析

和以往的教材不同，统编教材以"人文主题"和"语文要素"双线组织单元内容，不但加强了不同学段和不同册次之间的跨度联系，而且学习内容具有相关性，体现出阅读和习作内容的难度、深度的螺旋发展梯度。同时，统编教材单元内部之间的横向联系愈加密切，不同的板块各自具有相应的教学目标，承担着不同的教学任务，其内容编排更加科学合理。

从三年级开始，统编教材在单元导语中将语文要素从阅读和表达两个角度进行了厘清。由此可见，为了扭转"重理解、轻表达"的顽疾，统编教材把表达素养的培养提到了一个前所未有的高度。

教材中的单元表达要素往往表述得比较笼统、宽泛，并不直接指向课堂学习活动的具体目标，需要我们从纵向和横向两个维度做精准解析和厘定。

1.纵向比对，确立单元核心目标

统编教材表达要素的编排体现出分门别类、由浅入深、螺旋上升的系统性和序列性，分布在各年级各册别的单元导引、课后习题、小练笔、词句段运用和单元习作，甚至口语交际之中。对上述板块进行系统研读，我们可以梳理出"写人""写事""写景""想象""应用文"等文体的训练序列。

"学习描写景物的变化"是五上第七单元指向表达的语文要素。在单元习作"＿＿即景"中要求：①按照一定的顺序描写景物；②注意写出景物的动态变化，使画面更加鲜活。纵向梳理"写景"类习作训练序列不难发现，在四下习作单元已经学习过"按一定的顺序写景物"。本单元的习作要求是对四下表达要素的进一步巩固，同时指向本单元的核心表达要素，需要在单元整组教学中重点落实。

2.横向关联，分解单元表达要素

统编教材各单元表达要素跟本单元所选编课文的文本特点紧密相关，尤其习作单元的课文就是表达要素训练的范本。在确立单元核心表达要素的基础上，我们要把单元表达要素细化分解到每篇课文的教学中去，充分发挥其"以读带写，以写促读"的功能。

五上习作单元选编了《太阳》和《松鼠》两篇精读课文，单元表达要素是"搜集资料，用恰当的说明方法，把某一种事物介绍清楚"。《太阳》是一篇平实说明文，运用列数字、作比较、打比方、举例子等说明方法具体准确地说明了太阳远、大、热的特点。《松鼠》是一篇文艺性说明文，运用生动有趣的描述性语言和拟人、比喻等修辞手法，具体形象地说明了松鼠外形、生活习性、繁殖等方面的特点

从上述不同册次（单元）纵向和同一单元横向的比对、梳理中可以看到，语文表达要素的习得是系统的过程，统编教材编排的相关内容是有阶段、有层次和有关联的，教材单元内容更加贴近学生的生活和心理。因此，在制定和建设微视频"教材单元习作"模块时，教师应当关注习作模块和统编教材的契合性，关注"教材单元习作"课程模块的层次性。

（二）建设"教材单元习作"课程模块策略

统编教材编排的表达训练主要体现在随文练笔、口语交际和单元习作几个板块之中，往往围绕单元表达要素展开。比如，习作单元设置有"交流平台"和"初试身手"，前者是指根据课文总结出的单元学习要点，即习作单元的核心表达要素，具有引导学生交流的作用；后者是指学生进行练习写作，其目的是落实读中学写。可以说，单元习作是对整个单元表达要素学习的检验和总结，也是微视频习作课程"教材单元习作"模块的重点关切。因此，教师应以服务统编教材教学为目的对课程内容进行开发和建设，可以从以下方面构建：

（1）针对随文小练笔，紧扣课文表达要素，选择和课文语境相契合的微视

频进行迁移训练。随文小练笔是学生在课文学习中探究、发现了作者的表达秘妙，对相关的写作知识点形成初步的认知之后进行的表达尝试。这类随文小练笔的安排，要么出现在包含典型写作知识点（统编教材中指向表达的语文要素）的课文学习中，要么出现在习作单元的精读课文教学中。不管哪一类，通常都属于直接指向表达的阅读教学，都是基于"读写结合、读中学写"的理念。但是，从文本语境走向生活语境，在课堂有限的时空中往往难以实现。此时，精选同文本主题、内容或表现手法相类似的微视频作为尝试表达的媒介支架，设计复述、添加、创编等形式的表达实践活动，就为学生提供了现成的言说语料，减缓了迁移运用的坡度，在文本语境和生活语境之间架设起一座桥梁。

（2）针对单元习作，紧扣核心知识点，精选典型素材进行"举一反三"的作前指导。我们可以筛选出贴近学生生活实际的微视频，以典型素材为例，在作前指导中进行习作实践，借助微视频渗透相关习作知识点的教学，从而达到由"一篇"到"一类"，举"一"而反"三"的教学效果。

微视频直观形象地再现生活的独特功能有利于激发学生习作的内在动力，让学生发自内心、积极主动地进行表达实践，有利于在作前指导课有限的时空中对核心习作知识点进行聚焦、落实与内化。例如：鉴于三年级上册第五单元是以"观察"为主线的习作单元，教师可以通过一系列阅读和习作活动适时介入"观察类"微视频，训练基本的观察和描写方法，以引导学生更好地完成习作。

（3）针对口语交际，围绕教学重难点，筛选科学合理的微视频，指导学生学会交际。口语交际课是一种具有很强实用性和生活性的课型，其主要教学功能就是让学生学会交际，以便在生活中更好地与人交往，既把自己的意思表达清楚，又能够表达得体，达到与人畅通交流的目的。从课堂观察看，部分学生在口语交际课上习惯静听，自主表达较少。为此，我们可以精选合适的微视频来营造情境、制造话题、引发思辨、促进互动。微视频的介入类似于把生活搬进了课堂，能把学生迅速带入情境，有效激发他们的表达欲望。这种情境的营造和话题的生发，耗时少而效率高。我们在使用微视频时还可以合理利用暂停、截图等方式来创设连续性情境，加强任务驱动，使学生的情绪和思维一步步得以深化，表达质量随之逐步提升。

## 二、建设"自主开发习作"课程模块

微视频习作课程是针对学生的想象能力、观察能力、思辨能力、写作能力等进行课程内容的建设和开发，其主要方式是唤醒和融合学生生活中和习作相关的元素，因此可以先从"内容"维度针对学生的体验、节日、游戏、活动等进行课程建设，以逐步提升学生的语言表达能力。

（一）活动习作课程内容

对于儿童来说，他们善用四肢和感官去认识世界、感悟世界，在进行自然和社会实践的过程中，他们对这个世界形成初步的认知，并为习作积累丰富的素材。因此，可以针对儿童的各种活动构建相关课程内容，具体措施如下。

（1）构建社会实践课程模块。当代儿童的社会实践通常比较丰富，如劳动实践、体育竞赛、科普创客、调查体验等。因此，教师可以针对这些活动创立相关微视频习作课程，通过微视频再现生活场景，以唤醒儿童习作的兴趣和热情。

（2）构建游戏活动课程模块。游戏不仅是儿童的日常，还是儿童精神的象征。例如：儿童会在春天放风筝、夏天捉迷藏和跳皮筋、秋天滚铁环、冬天打雪仗……因此，教师可以针对儿童的游戏活动开发相关的习作课程内容。

（3）构建节日活动课程模块。我国民族传统节日具有文化性、普适性、娱乐性等特点，自然地绵亘于儿童的生活中，是儿童乐此不疲、颇感兴趣的活动之一。在节日活动中，儿童会尽情释放自己的热情和快乐，这正是儿童习作素材的重要来源。因此，教师可以针对这些节日活动（元宵节、端午节、中秋节），开发相关的微视频习作课程内容，搭建出儿童言语实践的路径，即收集资料、参与活动、表达体验、交流感悟等，以自身的经历和微视频为媒介，诱发儿童的言说欲望，拓宽习作材源。

（二）故事习作课程内容

童话故事是儿童生活中不可缺少的"调味品"，让儿童徜徉在童话奇幻的世界中，对世界进行了解和创造，是培养儿童想象能力的最佳途径。因此，教师可以针对童话故事开发相关的课程内容，并借助微视频这一媒介，充分发挥儿童的想象能力，进而完成相关的想象习作。

第一，引入和童话故事相关的"微视频"，直观生动地再现童话故事中场面，将形象的画面转变为具象的画面，有助于帮助学生展开相关想象，并将学生那些"天马行空"的想象进行交流和沟通，最终引起学生的习作兴趣和欲望。例如，在讲述《丑小鸭》这一课文时，教师可以适当引入相关影视的微视频，为学生呈现具体的故事情节，并引导学生进行想象，创造后续的发展故事，培养学生的想象能力和写作能力。

第二，引入和未来生活相关的"微视频"，积极引导学生对未来生活展开畅想，为孩子插上想象的翅膀，尽情在想象的天空中翱翔。例如：在进行"未来的世界"主题作文指导时，教师可以引入科技幻想类的微视频，打开孩子想象的大门，引导孩子尽情想象，最终培养学生的想象能力和写作能力。

### （三）话题习作课程内容

小学生不仅具有探索外部世界的好奇心，还对社会相关现象有自己的见解，这些思考可能并不成熟，但初步体现着小学生的思辨能力。因此，教师应适当引入"思辨类"微视频，以培养小学生的思辨能力。

（1）引入和解释说明相关的微视频。这些微视频往往是对观众陈述某种过程、现象、结构或状态等，其语言具有条理性的优点，可以帮助小学生培养说明和解释的能力。

（2）引入和劝解说服相关的微视频。这些微视频往往具有鲜明的目的，以说服他人、达成共识为目的，其语言具有鲜明、犀利的特点，可以培养小学生有理有据的语言表达能力。

（3）引入和社会现象相关的微视频。这些微视频需要小学生进行深入思考，并形成自己的观点和看法，可以培养小学生的思辨能力。

此外，习作表达是一种动态的、不稳定的思维形态。即使经过规范的习作指导，仍然会有表达不清、重点不明的情况。习作技法的运用并非可以"一蹴而就"，很多时候，需要长期、反复地践行，如此才能达到自主化。因此，微视频习作除了服务教材的定向设计，更需要针对学生习作中暴露出的弱点和困惑，进行相应的"诊断"和"治疗"。鉴于此，微视频习作"自主开发习作"模块的课程建设还可以从"技法"维度建构。我们可以依据课程标准规定的习作目标，结合各学段学生学情特点，立足弥补课内不足、强化共性弱点的现实需求，开发指向关键写作技法训练的系列课程，如观察训练类课程、人物描写类课程、景物描写类课程、叙事抒情类课程、科学幻想类课程等，利用微视频习作来解决学生的阶段性困顿。

# 第三节　微视频习作的课程评价

课程评价是课程建设中不可或缺的重要环节，是微视频习作教学"反馈—矫正—改进"的循环。

课程评价是指对课程的价值性和实用性进行分析和研究，不仅包括对学生学业的评价，还包括课程本身的评价。

通过课程评价可以及时反馈学生的习作情况，并从中发现微视频习作中的缺点加以改进，为微视频习作指导提供有效切入点，对提高学生的习作热情、指导习作方法、加强习作实践具有重要的作用。同时，通过课程评价可以科学地对微视频习作课程的各个环节进行分析和比较，最终为调整和改善微视频习作课程质量提供科学合理的依据。

在这样的情形下，我们应当有针对性、发展性地加强微视频习作课程评价建设。

## 一、多角度、多标准进行评价

从学生成长的角度看，对学生习作水平、习作态度、习作方法进行恰当的评价，可以有效提升学生的习作水平，并提升学生对习作感兴趣的程度，对学生的促进是多方面的。有专家认为，通过习作教学，教师可以将自身的人生阅历、社会历练、生活体验、处理能力等和学生进行交流，并在微视频习作课程评价中充分利用，最大限度地影响学生。

从习作的过程看，学生进行习作是完整经历一次取材、构思、起草、修改等创造性的智力活动的过程，无论是准备习作材料、布局谋篇、遣词造句成文还是修改加工，都应纳入习作评价的内容。我们要对学生习作成果进行评价，更要重视对学生习作的过程与方法、情感态度与价值观进行评价。比如，我们要重视对习作材料的准备过程尤其是占有材料的方法的评价，还要重视对修改作文尤其是修改作文的态度、过程和方法的评价。

从微视频的切入看，学生需要借助微视频这一媒介，通过观察、想象、思辨等过程，进而进入习作实践。微视频是习作过程中的关键环节，教师需要对导入课程的微视频进行谨慎筛选，针对学生的实际需要进行合理切入。这就要求教师对微视频的来源、微视频的切入路径、微视频的使用效果等方面进行评价。

## 二、多元主体互动评价

在以往课程评价过程中，评价主体是教师，多处于管理者的地位；作为评价对象的学生，则大多处于被评价地位。两者处于评价和被评价的关系之中，不能进行有效互动，往往会使评价结果过于主观。

多主体互动评价是以实施自我教育为核心，由被评价者和多方评价者广泛参与的互动评价，即除了教师对课程评价的主导外，还应当引导家长参评、学生自评、学生之间互评、网络自主评价等多种形式，以获得更为客观、公正的课程评价，进而更好地建设微视频习作课程。

## 三、全过程的动态评价

在进行课程评价时，教师应该关注学生求知和探索的过程，这样才能及时了解学生在微视频习作课程中遇到的问题和困惑，并对学生进行有效指导，发挥出课程评价的真正作用。因此，在整个微视频习作课程建设中，其课程评价应当贯穿微视频习作课程的全过程，而不是仅在课后针对学生习作作品进行评价。

在引导、写作、评讲等环节中，教师需要重视在评价过程中的指导方法，以客观公正的态度对这些环节进行评价。同时，课程评价必须强调学生自主地进行习作，必须在学生兴趣和欲望的基础之上进行。当学生的倾诉需要启发引领时，教师应当设计各种活动，以自己的心声和经验为学生提供"拐杖"，以帮助学生在不知不觉间提高语言表达能力和习作水平。这就需要针对教师设计和实施的教学活动进行评价，包括教学方案的评价、微视频使用的评价、习作指导策略的评价、课堂评价的评价等。

## 四、因人而异的分层评价

在微视频习作课程建设中，教师需要针对学生不同层次水平进行分层教学和差异性教学，这是取得实效的关键。

孔子主张"因材施教"，即针对不同人的特点实施不同的教学计划。在进行习作教学时，不同年龄阶段的学生的水平不同，自然需要制订不同的教学计划，鼓励学生在习作中进行个性化表达，促使其获得不同的发展。因此，在对课程进行评价时，教师需要针对不同的教学层次实施多次不同的评价，以促使学生获得不同的发展。例如，在指导学生写作时，教师可以将习作分为不同的步骤，引导学生表达自身的情感，并运用恰当的语言进行表达，通过分层教学设计循序渐进地提高学生的习作水平。在进行课程评价时，教师需要针对自己设计的层次进行评价，评价和监督分层是否足够合理、是否取得应有的效果、是否有尚待改进的地方等。通过对课程的分层评价引导学生在评议中提高习作水平。

# 第三章　微视频习作的操作策略

　　生活画面通常转瞬即逝，加上学生不善于观察，在描写相关生活画面时，很容易造成习作内容的干瘪空洞。然而，视频可以记录生活的点点滴滴、捕捉各种各样的生动细节，还可以将瞬间定格为永恒。因此，在进行习作教学时，教师可以采用慢镜头、反复播放、定格画面的方式，深入细致地展示事物的发展变化，培植学生关注细节的"微视频心态"。本章主要介绍微视频的来源与选择、微视频的切入路径以及微视频习作的训练方法。

## 第一节　微视频的来源与选择

　　针对不同学段的学生，微视频的选择应有所侧重，其来源可以分为以下几类。

### 一、按需剪辑

　　从字面上来理解，按需剪辑是指按照需要对视频进行剪辑。这是教师常用的方法之一。教师可以借助相关的软件或工具，对电影、电视剧、宣传片、纪录片等进行剪辑，并在课堂上呈现相关片段，用来指导学生观看。其基本流程如下：精心剪辑—指导观看—习得方法—习作评改。

#### （一）精心剪辑

　　按照习作课程的需要，对相关微视频进行精心筛选和剪辑，使之符合习作教学的目标和内容。例如，对相关影视片段进行剪辑，在符合儿童认知发展的基础之上，筛选出具有代表性、信息含量较大、通俗易懂的影视片段，以使之符合本次习作教学课程的目标要求，和教学内容进行合理搭配。

其中，相关微视频资源既可以从网上下载，又可以从学校的教学资源库中寻找，需要注意微视频来源的合法性和合理性，并确保画质的高清度。

### （二）指导观看

在引入微视频之前，教师应当利用科学合理的语言，恰当引入微视频的内容，指导学生进行观看，尤其是引导学生进行观察和想象的训练。

需要注意的是，教师在指导学生观看微视频时，应当在合理剪辑与处理的基础上，明确指示学生重点关注与本课习作核心目标密切相关的视频要素，对其他关联性不大的部分则予以忽略。比如：利用微视频训练人物动作描写时，教师要引导学生将注意力聚焦到微视频中的画面和人物动作而并非故事的情节上。当然，如果确实需要将细节与故事情节、背景等关联起来，教师可以在播放视频之前通过简要口述的方式予以铺垫，或者在多个微视频片段之间口述串联，保证教学节奏的合理、快速推进而不至于显得拖沓、冗长，迷失重点。

### （三）习得方法

微视频的引入可有效引起学生的注意并激发学生的习作热情，在新奇有趣的视频影响下，学生的思维会变得更加活跃和灵动。教师应当细化学习过程，搭建合理支架，对习作方法进行讲解或演示，并帮助学生通过文字复述、改写、增删等表达实践习得方法。

### （四）习作评改

当学生完成相关习作之后，教师应当及时对习作进行评改，必要时还可以通过回放视频文本对照等方式予以优化、提点，从而强化学生的语言表达能力和创造能力。

## 二、创意自拍

创意自拍是指教师使用相关拍摄设备，对特有的场景进行拍摄，可以得到很多创意视频，其基本流程如下：实地拍摄—回放观察—交流评议—行文评改。

### （一）实地拍摄

在进行创意自拍时，教师应当到实地拍摄真实的微视频，以真实、自然的场景营造逼真的课堂氛围。例如：在学生进行游戏活动时，教师可以随手进行拍摄，捕捉学生进行游戏的场景，记录学生的行为动作、神态情绪等。又如：教师可以到博物馆、公园等地进行实物拍摄，捕捉博物馆、公园中的真实场景等。

### （二）回放观察

在拍摄工作结束之后，教师需要对拍摄的视频进行编辑和修剪，以便在课堂上进行回放观察。例如，教师在讲解游戏活动时，可以播放相关微视频，以唤起学生的记忆和情感。

### （三）交流评议

在回放观察结束之后，教师可以引导学生进行交流评议，通过画面定格、截图、慢放等方式对场景整体或者局部细节（某个学生的动作神态）进行细致观察与分析，以激起学生的言说欲望，在交流和沟通中，实现对活动整体和局部描述的共享与优化，为动笔写作积蓄情感和语料。

### （四）行文评估

教师在引导学生对相关活动进行写作之后，需要及时对学生习作进行评估，以帮助学生了解行文的优劣之处。

## 三、自行编导

自行编导是指教师自己编写剧本，然后组织人员进行表演，最后进行拍摄，以获得相关微视频的方法。这一方法具有很大的灵活性，其基本流程如下：撰写脚本—投入拍摄—后期制作—观看评议。

### （一）撰写脚本

教师可以自己编写剧本，然后制作相关微视频。在撰写脚本时，教师应当依据学生的认知发展规律，充分发挥自身的创作能力和想象能力，撰写出富有童真童趣、具有一定思辨性的脚本。

### （二）投入拍摄

撰写脚本的工作结束之后，教师需要准备相关的拍摄器材，并组织人员进行拍摄工作。在拍摄过程中，相关工作人员需要按照剧本进行表演，教师则需要具备一定的拍摄知识，以更好地进行拍摄。

### （三）后期制作

后期制作是指为微视频配上字幕、加上特效等工作，以呈现更加逼真自然的画面。

### （四）观看评议

当微视频制作结束之后，教师应当选择适当的切入路径，为学生呈现拍摄的微视频，并引导学生进行观看评议，为习作教学服务。

无论教师选择哪种微视频，都必须进行筛选和剪辑，禁止拿来就用。引入习作课的微视频，大体要遵循如下原则：

（1）趣味性。因为儿童总是对有趣的东西特别感兴趣，所以最先考虑的通常会是动漫电影，当然也离不开其他优质的、有趣的影视资源。

（2）艺术性。微电影本身便是艺术的精品。笔者建议从奥斯卡获奖电影、高清晰纪录片中剪切，或者从其他一些艺术表现力强的影视中剪切。

（3）思想性。引入习作课堂的微视频资源一定要是内容积极、思想健康、传播正能量的作品。

（4）生活性。引入课堂的微视频，无论是现成的影视素材还是现实生活中的自拍素材，都要更多地关注现实生活，关注学生身边的人、事、物、景，这样才有利于培养学生观察生活、再现生活的能力。因为这才是我们习作教学追求的最终目标。

此外，还要注意一点，那些可以直接搬进课堂的资源未必一定要通过微视频来呈现。比如：有位老师让学生写一个安全有趣的小实验，也拍成微视频拿来指导，但不如现场让学生亲历亲为效果好，因为动手操作、情境体验是激发学生表达内驱力最有效的途径。

# 第二节　微视频之于习作教学的切入路径

微视频的切入是构建科学化和序列化微视频习作课程的关键，需要根据教学的需要，在对微视频进行甄别和提炼的基础上，选择科学合理的切入路径。

## 一、再现画面，细致描摹

对于小学生而言，其生活经验和见识有限，在进行写作时往往觉得无话可说。实际上，这是因为学生不善于捕捉细致的生活画面，缺乏在纷繁复杂的现实图景中提炼素材的能力。而微视频是生活的直观记录和高度浓缩，在短短的几分钟的画面中，生动呈现着细致描摹的画面，尤其是生活中转瞬即逝的画面，通过微视频可以反复播放、多次回看，为学生进行观察和表达提供最直接的凭借。

例如：在学习《颐和园》描写景物的写作技巧和方法时——"移步换景""动静结合"，教师可以组织学生去文博园景区进行实地游览，让学生亲身感受景物的环境，即"真看、真听、真想、真感受"，然后在课堂上适时引入文博园的宣传视频，通过微视频的画面唤醒孩子的记忆、展现孩子尚未注意或捕捉到的细致画面，以完整播放、快进暂停等方式来确定文章的写作思路和重点景观，在此基础之上，定位到某个具有特色的景点或实物，指导学生围绕景点特点展开写作，帮助学生描绘出真实生动的画面，以达成言之有序、言之有物的目标，最终掌握景物描写的方法和技巧。

又如：学生在游戏时往往很欢乐，感受十分深刻，但在事后进行写作时难以将这种场景和感受描述出来。为此，教师可以借助微视频的优势，将学生做游戏的场景拍摄下来，然后通过视频分解、慢放或截图等形式将学生"老鹰捉小鸡""丢手绢"等游戏场景再现，指导学生从整体场景到局部细节等方面进行描述，从而轻松实现"点面结合写场景"的习作目标。

总之，微视频可以呈现细致描摹的画面，为学生提供生动直观的写作素材，有效拓宽学生习作的生活素材，在学生选材、构思、表达方面具有重要的作用和价值。同时，植入的微视频往往具备丰富鲜活、灵动新颖的特点，可以弥补课堂上即时回忆生活的局限，为学生今后的自主观察和自主表达提供"镜头感"和"画面感"的借鉴。

## 二、破解技法，实现迁移

微视频之所以被引入习作教学之中，不仅因为微视频具备丰富性和情境性，更因为微视频具备相当强的实用功能，可以在习作中为学生提供相应的技法指导，指引儿童有序有法地进行书面表达。微视频的技法指导切入路径可以从课程和学情两个维度着手。

### （一）课程维度

教师可以依托课程标准和教材上呈现的习作要求，从课程视角出发进行写作技法的建构。例如，中年级的课程更加侧重培养学生的观察能力，而微视频往往具备细腻的画面，教师可以应用微视频《蜘蛛结网》生动清晰地展现蜘蛛"选址""架天桥""架桥梁""编织"等过程，并引导学生用文字有序、细致地表达蜘蛛结网的全过程，以帮助学生掌握习作技法，提升学生文字表达能力和水平。当然，除了中年级的观察作文，还有动作描写、对话描写和高年级的环境描写、场面描写，都可以借助微视频进行有效的切入链接，最终做到从画面到文字的有效转化。

学生在应用微视频进行观察训练时，调用的不仅是视觉系统，更是心灵系统，同时需要运用有意注意对客体进行分解和再现。从这一层面看，教师根据教材体系中侧重的习作知识和内容进行学段框架式的微视频习作教学，不仅可以序列化地提升学生的表达水平，还可以提高学生的构思能力和驾驭语言的能力。

（二）学情维度

长期以来，学生在日常表达或习作之中总是存在某些问题，如：细节描写不够深刻、表达语言匮乏、语言表达不够准确，这些共性的问题正是习作的难点。因此，教师可以从学情的维度出发，将微视频介入教学之中，根据学生实际存在的盲点针对性地进行开发和构建。

例如：对于习惯具象思维的学生来说，细节描写是习作教学中的难点，即使多次进行练写，某些学生仍旧会习惯性忽视对细节的刻画。因此，可以针对这个盲点引入我们开发的微视频习作课《看微电影，学写人物——微电影习作"小小飞虎队"》，通过微视频的穿插和介入有意引导学生关注细节、刻画细节。

需要注意的是，学生的习作盲点并不会通过微视频的一次引入就可以一劳永逸地得以消除，而是需要对微视频进行序列化、科学化的构建，使之符合学生真实的习作学情，这样才能帮助学生做到举一反三，在反复训练中有梯度地提升。

三、激活思维，驰骋想象

《义务教育语文课程标准》提出"鼓励自由表达和有创意的表达，鼓励写想象中的事物""积极合理利用信息技术和网络的优势，丰富写作形式，激发写作兴趣"，从上述要求中，足以看到创意写作、富有想象力的表达何其重要。

将适切的微视频引入习作教学中，可以充分激活学生的思维，发挥学生的想象力。

张祖庆老师编创的《畅想图书馆》一课，将一段科技微电影植入想象习作的教学之中，堪称微电影习作和创意写作领域的拓荒者。在《畅想图书馆》一课中，张老师通过《神奇的荷兰图书馆椅子》微视频引导学生动笔描述微视频中的荷兰图书馆，然后引导学生跳出视频中的语境，发挥自己的想象力，畅想未来的图书馆，再次动笔描述想象的场景，为孩子的想象插上翅膀，驰骋在想象的乐园中。在这一过程中，新奇、新鲜的微视频素材成为唤醒学生记忆、激活学生思维的触发器和开关，令学生产生耳目一新的意外之感，使学生的创意精彩纷呈。

不仅如此，张老师亦擅长捕捉电影中的写作元素，通过巧妙建立微视频片段和创意写作之间的关联点引导学生进行创意写作。例如：张老师截取动画短片《神奇飞书》中的三个精华片段开展创意写作，三个片段之间联系紧密、层层递进，不断提高学生的习作能力。其片段如下：片段一，教师导入情境，设置悬疑，教师和学生合作创编故事；片段二，学生进行细节创写，教师引导学生探究"愿望—阻挠—转机—实现"的创编秘诀；片段三，教师揭晓结局，关联绘本，并结合书本和微视频电影引导学生领悟其中的深意。在整节课之中，张老师借助微电影和绘本作为媒介，通过营造张弛有度的情境，提出新颖有趣的问题，很好地开发了学生的想象力。

张老师的实践经验启示我们：在开发"畅想类""想象类"习作课程时，完全可以借助幻想类、科技类的影视资源为学生推开创意的大门，给他们插上想象的翅膀，抒写自己对未来世界的美好愿景。

## 四、链接话题，训练思辨

对于高年级学生而言，其思维方式和价值态度在不断形成和培养之中，通过微视频引入相关社会话题并进行习作训练，不仅可以提升学生学写简单说理文的能力，还能够提高学生的思辨能力。例如：某位老师将春晚小品《"扶"还是"不扶"》穿插在习作课中，在观看微视频之后，引导学生进行价值判断——"扶"，还是"不扶"？在此基础上，教师组织学生展开激烈辩论，让学生分为正反两方，各抒己见、广征博引。随后在习作训练中，教师要求学生针对该话题将自己的观点写出来，既可以用辩论会上同学们列举的典型事例证明，又可以用自己课后搜集的典型事例加以证明。

当然，在现实生活中有很多类似的、引人深思的视频案例，这些视频案例折射出人性最深处的东西，考验着人们的思维方式和价值态度。在习作训练中通过微视频引入话题，再借力辩论比赛，负责任、有中心、有条理、重证据地表达是提高学生思辨能力的绝佳途径，也是当下语文教学需要大力提倡的。

### 五、还原情境，趣学应用

《义务教育语文课程标准》要求学生在第三学段要学写常见的应用文。应用文是个人与外界有效沟通的文体其写作需要学生具备在具体的交际语境中进行交流和传达的能力，因此只有在真实的场景中引导学生进行应用文体的练习，才能真正关联习作和生活。

学生在学写应用文时需要关注相应的方法，更需要侧重语境的凸显，因此学生必须掌握和了解应用文的内涵和外延，如此才能顺利进行应用文习作。在这一过程中，教师可以引入微视频，通过微视频真实地还原现实情境，引导学生写出逼真、现实的言语场景。

例如：张祖庆老师将动画微电影《月神》穿插在习作课堂之中，教授学生学写电影海报，并将写作目标定位如下：一要简要概括，厘清基本情节（时间、地点、人物、事件……）；二要巧设悬念，激发观影期待（高潮、细节、结局……）。通过言语实践让学生明白写海报既要清清楚楚，又要留下悬念。这就是成功的应用文微写作，能培养读者意识，具有超强的应用价值。

又如：某老师以西安秦始皇兵马俑博物馆导游迎接游客的视频作为切入点，让学生按照"认识导游词的基本特征—将写景文改写成导游词—结合家乡景物练写导游词"的程序进行"学写导游词"的教学，收到了良好的效果。除此之外，我们还借助微视频《田埂上的梦》教授学生写获奖感言；播放自主拍摄的视频，引导学生学写请假条、留言条、通知、书信；观看奥斯卡获奖微电影，培养学生学写观后感、微影评、电影海报，等等。

### 六、影文互证，巧妙关联

小学语文教材中很多课文节选自名著，而这些名著大多都被拍成了影视作品，将这些影视作品通过剪辑处理嵌入课堂教学，既能促进学生对文本认识的深化，又能提高他们的写作能力。比如：《冬阳·童年·骆驼队》中小英子学骆驼咀嚼很有意思，描写细致，刻画生动，是一个很好的言语训练点。我们先将电影《城南旧事》中的相关镜头剪辑下来，引导学生观影后与文本印证，品味作家的文字魅力，再将小英子做过的另一件"傻事"——看金鱼戏水的电影片段剪辑下来，引导学生观看，运用课文中的描写方法来写一写小英子看金鱼的样子，最后与原著对照、赏析，使学生学得饶有兴趣。

又如：在教学人物对话描写时，教师可以引入妙趣横生的动画电影《西游记之大圣归来》中的"丛林对话"片段，让学生根据语境和情态添加、修改人物对话提示语，体味提示语形式灵活多变的表达意趣，再进行"作业本去哪儿了"的对话情境小练笔，由扶到放，由改到创，巧妙实现从电影语境到生活语境的跨越。在电影语境里探究学习，在生活语境里迁移运用，需要老师在电影、文本与生活之间成功搭建学用关系，帮助学生感知，无论是电影还是生活，提示语就是当时的情境，人物的语言就是现场的对白，在提示语的作用下，对话才充满生活的气息。

# 第三节　微视频习作中的观察训练

《义务教育语文课程标准》要求学生"养成留心观察周围事物的习惯，有意识地丰富自己的见闻"。由此可见，观察是小学生习作的重要前提和基本保障，其为学生的创作提供着丰富的素材，是小学生进行记叙文写作的有效途径。而微视频习作教学借助微视频这一媒介，将各种生活场面细致且活灵活现地呈现出来，有助于学生更好地进行观察训练并付诸习作，这与观察能力发展的要求不谋而合。

## 一、小学生观察存在的问题

小学生自身的年龄较小，活泼好动，观察事物时常不够全面。总体来看，小学生在观察方面存在以下问题：

### （一）观察目的不明确

小学生在观察事物时，其注意力不集中，加上对周围环境充满好奇，很少对事物进行仔细观察，更谈不上观察目的了。

### （二）观察精力不集中

小学生在观察事物时易被其他事情所吸引，观察精力并不集中。对事物的形态、外观、神态、周围环境等并不注意，导致在进行习作时，脑海中只有对事物的大概印象，而不能进行细致入微的描写。

### （三）观察方法不得当

对于小学生而言，他们在观察事物时多用眼睛、触感进行判断，导致在写观察习作时，难以全面展现出事物的特点。

### （四）观察素材无积累

对于小学生而言，很多新奇的事物总是一闪而过，即使具有深刻的印象，在进行习作时，总是无法进行具体描述，这是因为小学生不积累观察素材，对此缺乏明确的概念。

## 二、观察训练的重点和作用

苏霍姆林斯基认为，习作教学应当注重观察训练，尤其是起始阶段，要把周围现实的画面印入儿童的意识里去，让他们形成周围世界的表现，产生写作的激情。

### （一）观察训练的重点

对于微视频习作教学而言，借助微视频这一媒介生动再现生活场景，其理念和苏霍姆林斯基的理念具有异曲同工之妙。在进行观察训练时，应有所侧重，要有目的和重点；要有顺序；要详细；要一边观察一边思考；要将观察、体会、感受结合起来。

需要注意的是，观察训练并不是一次习作就能完成的，还需要学生不断地进行坚持和训练。

### （二）观察在习作中的作用

叶圣陶先生指出："在实际生活里养成精密观察和仔细认识的习惯，是一种准备功夫……如果养成了，对于写文章大有用处。"这代表着观察能力是习作中不可或缺的能力，是进行习作的前提，是习作想象和构思的基础，其作用如下。

1. 帮助学生进行细致入微的写作

正所谓："留心处处皆学问，留心处处皆文章。"学生只要认真观察周围的事物和生活，必然会有所收获，也必将会对事物了解得更加透彻，包括事物的外在特征、内在特点等，在进行细致入微的习作时做到"下笔如有神"，轻易就可以描写出事物的特征和形态。观察能力不仅可以帮助学生更加深入和细致地了解事物，还可以为学生积累源源不断的习作素材。

2. 帮助学生获得第一手资料

俗语说："百闻不如一见。"通过亲自观察其获得的信息往往是真实的、具体的，具有一定的可靠性和可信性。只有通过学生自己亲身观察，才能详细记录事件发生的经过或事物的全貌，并将其写得详细和具体，带给读者身临其境的感觉。

3. 帮助学生展开由此及彼的联想

潘新和教授在《语文：表现与存在》中指出，写作是一种创造性地感知和运用语言的能力。在写作过程中，无论是观察、感知、立意还是选材、构思和表达，无一不和想象有关。写作需要想象，就像鸟儿需要翅膀。写作是一种创造和表现自我的活动，而想象是一切创造活动的前提，离开了想象，就无法进行正常的写作活动。言语创造一刻也离不开想象，由此可见，想象力对于学生写作而言，有着无可替代的重要作用。

联想越丰富，习作的内容就会越丰满。但联想并不是凭空得来的，需要靠平时的观察。一个有观察习惯的人往往会贮存很多材料，材料越多，进行联想时就会越容易；对事物的特征观察得越仔细，其联想思路就会越宽广。例如：学生有时在观察某一现象时，可以一下子触动全部的思路，将过去积累的材料迅速进行贯穿和联系。实际上，这并不是灵感，而是平时观察的结果。

### 三、观察训练的策略

在小学习作教学中，教师需要创设逼真、现实的课堂教学情境，让学生进行观察训练。根据儿童心理发展理论，小学三四年级的学生，其身心发展达到新的水平，观察能力处在上升阶段。此时的教学目标不宜设定过高，应当有梯度地提升，实现习作目标之间的序列递升。

微视频习作中的观察训练要基于尊重学生心理发展、激发内在观察兴趣、给予细致的观察指导，从目标、内容和方向等方面构建路径和方法。因此，应结合小学生的认知发展心理，将观察训练分为静物观察、人物观察、动物观察、景物观察以及游戏观察几类，分类别对学生的观察能力进行培养和提高。

#### （一）静物观察训练

静物观察是学生进行观察训练的起点。对于小学生而言，他们的生活经历较少，不能很好地理解较为复杂的事物，因此对平常的静物进行观察更容易接受。静物观察是三年级习作中的重要内容，其目的是让学生进行写生素描、学会状物。

但在进行习作时，部分学生仿佛头脑一片空白，脑海中无法浮现出具体静物的样子，不知从何处下笔。教师可以借助相关静物的微视频，通过反复播放、定格播放的方式引导学生进行观察训练，从静物整体或局部出发，抓住事物的特点，通过整理加工，按照一定的顺序（该顺序可以是微视频的呈现顺序）进行写作，其观察训练层次如下。

首先，通过听、看、闻、触摸等方式，对眼前的静物进行观察，根据实际观察对象的不同，充分应用合适的手段进行仔细观察。例如：在《故乡的杨梅》一文中，作者就应用各种感官仔细观察杨梅的形态，进而写出了形象生动的文章。教师可以巧妙应用微视频的优势，将各种水果以及其他事物的外观立体呈现出来，充分调动学生的感官，结合个体生活经验，在把握事物特征的基础上写出活色生香的文章。

其次，要引导学生将观察到的信息加以整理。就成人真实的观察活动来说，并不一定有明显的既定的观察顺序，通常可以自选按照从上到下、从左到右等顺序进行描述。但在观察习作的训练中，我们要教会学生按照一定合理的内在秩序，将自己看到的、听到的、感受到的信息进行整理，再依据一定的言语范式有序表达。

最后，引导学生将自身的直观感受和想法表达出来。在实际观察中，学生往往会具有一定的感受或想法，教师应当鼓励学生积极表达自己的看法。在这个过程中，应用微视频这种新颖有趣的方式很容易引起学生的注意和兴趣，有利于取得较好的写作效果。

### （二）人物观察训练

人物观察包括观察人物外貌、动作、语言，甚至包括体验某种心理活动，是写人记事文的习作基础。

人物观察是三年级习作接触比较早的内容，亦是学生在之后习作中涉及比较多的内容。因此，教师需要借助微视频这一媒介，帮助学生进行人物观察训练，最终使学生可以写出妙趣横生、栩栩如生的人物形象，其训练可以分为以下两个层次。

首先，对人物最有特点的外貌进行细致观察并进行描述。外貌是观察人物的起点，是人物形象中最重要的一部分，描写时抓住人物外貌最有特点的地方，往往可以创生出"点睛之笔"。例如：在描述群众时，"戴眼镜""高个子"这一特点就可以和其他人进行有效区分。教师应当针对这一点展开观察训练，通过播放相关人物的微视频，通过微视频塑造的让人过目不忘的人物形象，引导学生对其外貌进行描述，帮助学生更好地学习人物观察，进而写出生动的人物形象。

其次，对人物的动作习惯进行细致观察并进行描述。人的动作习惯最能体现出人物的突出性格，通过观察人物的动作习惯，对人物动作进行拆分，可以精准了解人物。通过微视频的反复播放或定格停顿，学生可以一次次观察人物的动作，进而对人物活动进行有效描述。这是提升学生观察能力的最佳途径。

### （三）动物观察训练

动物观察包括动物的外形、动作等外在特征，还包括动物与人之间的情感互动。

在小学统编教材中，动物观察出现的次数并不算多，集中体现在动物和人之间的感情互动方面。由于动物的很多动作和习惯等不易捕捉，往往会在生活画面中转瞬即逝，因此可以借助微视频，为学生呈现动物的生活和形态，帮助学生写出生动有趣的动物观察习作，其训练可以分为以下几个层次。

首先，按照一定的顺序和方法描述动物的外形和活动。根据统编教材的编排，学生在进行动物观察时已经具有静物、人物观察的经验，因此可以对动物的活动和外形按照一定顺序，如连续动作分解法、动物外形分解法（从整体到局部）等进行观察。教师可以播放"化茧成蝶"等内容微视频，生动细致地呈现动物的形态和外观，以帮助学生描述动物的外形和活动。

其次，运用看、听等手段观察动物嬉戏、捕食、睡觉等趣味性较强的活动，通过借助相关微视频帮助学生在体验动物活动中感受乐趣，达到微视频习作的目标。

最后，学生可以如实描述出在观察动物过程中的感受。学生在观察动物活动之后，或多或少都会产生一定的感受。从这一层面看，教师应当引导学生将这些感受表达出来，通过借助相关微视频激活学生的情感，使之顺畅地表达出来。

### （四）景物观察训练

景物描写是小学生习作的难点，景物观察训练也因此显得十分必要。景物观察主要聚焦在对自然景物、自然现象的观察。借助微视频将具体的景物或自然现象呈现出来，让学生按照一定的顺序细致观察，抓住景物特点，关注景物变化，这是写好写景文的基础和前提。其训练可以分为以下几个层次。

首先，运用听、看、闻等方法，按照空间顺序，合理观察景物，并在此基础上，播放相关自然景物的微视频，细致呈现景物画面，鼓励学生对景物进行细节观察，用语言表达出景物外观和特点。

其次，运用看、闻、触摸等手段，在一定的时空变化中观察景物的变化，尤其是关注景物在不同时间、季节和动态中的变化，紧扣景物的动态变化加以恰当语言进行生动表达。

最后，引导学生在掌握景物各个部分的形、光、影、色、味等信息后，和自己的直观感受或具体联想进行联系，在微视频的观赏过程中学会感受、体验，学习融情于景的表达。

### （五）游戏观察训练

游戏活动是学生的亲身经历，对游戏活动进行相关习作，不仅可以是对真实体验的表达，还有助于激发学生的习作热情，将习作写得绘声绘色。教师亦可以借助微视频这一工具呈现甚至还原当时的活动场景。其观察训练可以分为以下几个层次。

首先，养成调动丰富感官的意识，通过看、听、感受等手段仔细观察游戏活动的全过程，以游戏活动的过程为顺序，将自己看到的、听到的、感受到的写清楚。在这个过程中，教师不仅可以组织学生进行相关游戏，还可以选择将当时的场景录制下来，制作成短视频引入习作课堂，这有利于诱发学生的言说欲望，激活学生的情感思维。

其次，养成学生仔细观察的习惯，引导学生具体写出游戏参与者的行为、语言、神态，并写出旁观者的反应和自身的心理活动等，以进一步提升学生的语言表达能力。需要注意的是，在游戏活动中的人物观察往往涉及多个人物，包括游戏参与者和旁观者，具有较大的难度。

## 第四节　微视频习作中的想象训练

如果说作文是小学语文教学的半壁江山，那么想象力便是习作的先导和创造的翅膀，具有十分关键的作用和价值，如文章的新意需要借助想象来创造，文章的思路需要依靠想象进行拓展，文章的语言需要凭借想象进行修饰。如果缺乏想象，那么文章只会成为生活的机械录像。

目前，学生习作不理想的一个重要原因就是缺乏有效的想象。因此，教师应当重视小学生的想象力培养，借助微视频的优势对学生进行想象训练，以提高学生的习作水平。

## 一、想象在习作中的作用

从心理学的意义上看，想象是指人们大脑对原有表象进行加工改造，以形成新形象的过程，同时是在回忆和联想的基础上进行的创造性的思维活动和心理过程，可以用来弥补经验的不足。

在习作构思过程中，想象具有重要的价值和作用，主要体现在以下方面。

首先，想象可以突破时间和空间的限制，表现出自由活跃的精神状态。想象是一种思维活动，既可以想象浩瀚的海洋和宇宙，又可以想象人类生活的历史和未来。所谓"寂然凝虑，思接千载；悄焉动容，视通万里"，描述的就是想象的特点。因此，在习作之中，教师可以指导学生依靠想象构思文章的内容，为读者带来新奇的体验。

其次，想象可以对感知经验进行重组和创造，具有创新性。想象是在大脑意识的控制下，对某些事物进行重组甚至创造新的形象，因此，作者可以凭借想象将风马牛不相及的事物进行联系，将其进行融合和组合，形成记忆经验之间的奇妙组合，以使文章呈现出新奇的艺术效果。

最后，和成人相比，儿童在探索和认识世界时常常主客一体化，善于将现实的事物进行想象，向着童话的方向进行构建，且儿童的想象总是给人美妙神奇的感觉。在儿童的世界中，也许并没有"不可能"，他们总是可以借助自己的想象创造出充满神奇的世界，通过各种想象实现自己的愿望，可以把自己想象成力大无比的英雄，拯救即将毁灭的地球；可以想象自己在火星上发现新的元素，而这种元素可以让失明的人重见光明；可以想象自己身处安徒生的童话故事中，帮助卖火柴的小女孩实现愿望……

## 二、微视频习作中想象训练途径

黑格尔说："如果谈到本领，最杰出的艺术本领就是想象。"想象具有一定的创造力，带给人新颖和独特的感觉，合理而新奇的想象可以使文章变得更为优美和丰实。

同观察能力相同，想象能力亦需要教师有意识地开发和引导，才能更好地实现发展，为习作思路和内容的构建提供源源不竭的动力。想象训练可以从以下方面进行。

**（一）关联式想象训练**

所谓关联式想象，从字面上理解是指将几个本来并不关联的事物通过想象关联起来，这需要学生具备灵活的想象能力。

首先，进行关联式想象训练，需要将想象的空间和余地留给学生，为学生想象的翅膀创造自由的蓝天，即教师不要过多限制学生的想象空间，仅是给出相关意象或事物，任由学生发挥自己的想象将其联系起来。从心理学的角度看，具有不确定性和模糊性的事物更容易激发人们的想象热情和空间，一旦事物被确定，人们就会被限制想象能力。同样，在习作之中，想象的起点越具有开放性和可能性，想象的自由度就会越大。因此，教师需要选择一些不容易一览无余的观察对象，如：变换的云霞、飘忽的种子、刚破土的小苗等意象深远的事物，以便于学生在眼前事物的触发下展开想象和联想。

其次，选择可以唤起小学生想象热情的切入点。对于小学生而言，他们对很多事物都有着强烈的好奇心，哪怕一朵花都可以勾起他们的兴趣，从而进行想象。因此，教师应当针对小学生的心理特点，选择可以唤起小学生想象热情的形象事物（公园、森林、沙滩），而不是具有抽象意义的词语和事物（内容、成长）。

最后，教师应当借助相关"微视频"触发小学生的想象能力。微视频不仅具有生动新奇的画面，还具有活泼奇妙的音乐，这会有效激发小学生的想象能力，为小学生带来想象的欢愉，甚至打开小学生想象的大门。因此，教师可借助微视频这一媒介，引导学生进入联想的世界，将各种意象和事物联系起来，进入虚拟的、想象的世界，最大限度地拓展小学生的想象空间。

**（二）情境式想象训练**

情境式想象是指将学生置身具体的情境之中，然后发挥学生的想象能力，将相同场景中的几个事物以想象的方式呈现它们之间的关系。一般情况下，教师需要给定故事的梗概或开头，然后让学生通过充分的想象对其进行扩充和延伸，以形成新的故事。一般应注意以下几点。

首先，从想象的过程来看，情境式想象需要经过生发想象，才能完成整篇文章的写作；从想象的性质来看，情境式想象属于再造想象的范畴，需要对相关情境进行续写或扩写，尽管如此，故事的结果却不是预定的，作者可以根据自己的理解进行想象，创造出不同的故事结局。因此，情境式想象具有创造性想象的性质，教师在选取情境式想象训练的题目时，应当讲究弹性和张力，为学生提供自由生发想象的观看空间和可能性。

其次，在设计情境式想象训练时，教师应当设计小学生真正感兴趣并能发挥想象力的题目。例如：小学生对童话、寓言、成语故事比较感兴趣，因此在设置情境式想象训练的题目时，教师可以针对这些因素进行设计，以引起小学生的言说兴趣，进行自由的想象和创造。同时，情境式想象训练的内容应当具有开放性和生发想象的自由度，具有一定的趣味性，以帮助学生通过丰富的想象完成不同的创造。也就是说，教师不应该用对与错简单评价学生想象的结果，而是要关注想象过程对学生的锻炼，关注学生想象能力的培养。

最后，教师要善于利用"微视频"将学生带入相关的情境。如果学生可以进入一定情境之中，那么学生的想象过程可以达到事半功倍的效果。仅是干巴巴的文字，也许并不能将小学生带入相关情境，但借助有声有色的微视频可以有效将小学生带入相关的情境之中，有助于他们展开想象。

### （三）延续式想象训练

延续式想象是指在现实或童话故事的基础之上，进行故事的再创造，不仅可以添加新的角色，还可以变换原来的故事场景或情节。

儿童具有幻想的天性和热情，喜欢听各种各样新奇的故事，也喜欢自己编造想象中的故事。实际上，编造故事不仅可以培养和激发儿童的想象能力，还可以锻炼儿童口语和文字的表达能力。小学阶段是学生最富于幻想的时期，教师应当抓住学生这一时期的心理特点，训练学生的想象能力。

首先，小学生富于幻想，喜好新奇，常常幻想自己像鸟儿一样在天空中自由飞翔，在月亮上荡来荡去，这些美丽的幻想极大地丰富了小学生的生活，一旦接触到充满幻想的童话，就会聚精会神地听、急不可待地说，表现出强烈的表达欲和诉说欲。因此，教师可以抓住小学生的这一心理特点，通过编写童话故事诱发小学生的言说欲望并拓展小学生的想象能力，鼓励他们创造新的童话故事，进而提高小学生的习作能力。例如：学生都比较熟悉《小马过河》的故事，教师可以引导学生进行延续式想象，问学生："如果再下一次大雨，小河边又会发生什么样的故事呢？"以此来激发学生的想象能力，让学生对原有故事中的人物或情节进行改编，从而有效培养学生的想象能力。

其次，教师可根据图片或微视频触发小学生的想象，激发小学生想象和虚构的热情，进而达到编写童话故事的目的。例如：在给出有关狐狸吃葡萄的微视频之后，学生会说出"这只狐狸真狡猾"，然后在此基础上，教师引导学生进行后续的想象或重新编写一个《狡猾的狐狸》的故事。

最后，教师不仅应当训练学生进行延续式想象的能力，还应当注意学生的心理特点。对于低年级的学生来说，他们的想法往往天马行空，充满了不合理，因此可以大家一起编写故事。对于高年级的学生来说，其习作要求应更高，如要求他们故事情节不能重复、不能前后矛盾、叙述的语言需要形象简练等。

### （四）穿越式想象训练

穿越式联想是指用人类的视角去观照和发现其他生物的生死存亡、悲欢离合，用现代的视角去理解古代发生的故事。

对于高年级的学生而言，他们正逐渐对这个世界形成自己的认知，逐渐向抽象逻辑性转化。教师应当抓住学生这一时期的心理特点，训练学生的抽象逻辑想象能力。

首先，对于高年级的小学生而言，他们的概括能力逐渐增强，逐渐开始具备深刻理性思考的能力，对历史人物有着自己的认识。他们常常幻想自己穿越到历史或童话故事之中，去改变某个人悲惨的命运或意外的事故等。教师可以抓住小学生的这一心理，诱发小学生的想象能力和表达欲望，让他们动笔进行编写，表达出自己的思想和感情，进而培养小学生的想象能力和写作能力。例如，学生都比较熟悉《卖火柴的小女孩》的故事，教师可以引导学生进行穿越式想象，如果学生自己穿越到这个故事中，又会承担什么样的角色，可以做哪些事情改变小女孩的命运，并由此进行合情合理的想象。这属于故事改编和续写，可以有效培养学生的想象能力。

其次，教师在选择穿越式想象训练的题目时，应当选择小学生感兴趣、有所了解的题目，如：《孟姜女哭长城》《嫦娥奔月》，使其符合小学生的心理认知规律，这样才能引起小学生的兴趣和思考。同时，在进行习作时，教师应当引导小学生以现在的观点去看待以前的事物。例如：教师可以针对《嫦娥奔月》的故事，引导学生对嫦娥的做法进行评判，并想象自己穿越到故事中，故事又会发生怎样的变化，等等。这样才能循序渐进地培养小学生的合理想象能力。

最后，教师可以借助微视频这一媒介，打开学生想象的大门。通过播放相关微视频或微电影将故事中人物的命运展现在学生面前，以强烈的情感引起学生的共鸣，进而激发学生想象的热情。

# 第五节　微视频习作中的思辨训练

从心理学的角度来看，小学生的写作过程是由形象思维转化为抽象思维，然后由抽象思维转化为形象思维的过程。在这一过程中，思辨能力起到至关重要的作用，可以使文章思路和脉络更加清晰，使文章的逻辑更加顺畅，若缺乏相关的思辨能力，则会导致学生的习作在逻辑上存在问题。因此，教师应当关注学生思辨能力的培养，通过构建微视频习作课程培养和提高学生的思辨能力。

## 一、思辨能力在习作中的作用及原则

所谓思辨，是指对信息进行思考的过程，在这一过程中，学生通过对自身获取的信息进行观察、审视、反思或推理，再做出概念化分析、综合或评价，进而形成自身信念和行动的指南。

### （一）思辨能力在习作中的作用

思辨能力是一种非常重要的能力，尤其在习作教学中，思辨能力是学生正确表达自身观点的前提和基础。如果没有思辨能力，那么学生难以真正写出条理分明的语言。

1.有助于学生进行深层次思考

小学生写作时需要具备相关的思维能力和思辨能力，对行文进行构思，这样才能写出条理分明、具有一定含义的文章。

目前，小学生的作文存在"假大空"的问题，这是因为习作中并没有真正写出小学生的真情实感，而是模仿"成人的思维"，导致文章看上去内容空洞。也就是说，小学生缺乏对事物的深刻认知，缺乏一定的思辨能力。例如：不少学生在习作中经常会以"我真倒霉"结尾，无论是下雨忘记带伞还是作业本忘记带，就会认为是自己"倒霉"，并没有深层次分析背后所隐藏的含义。实际上，下雨忘记带伞可能是自己做事时欠考虑，体育课摔跤可能是穿了不合脚的鞋子。因此，教师应当培养学生的思辨能力，引导学生从事情中进行反思，挖掘出自身对事物或事件比较理性而辩证的思考。

2.有助于学生习作言语更加符合逻辑

思辨能力强调学生对自身获取的信息进行观察、审视、反思或推理、这意味着小学生需要对信息进行逻辑上的梳理，并用恰当合适的、符合逻辑的语言进行表达。然而，目前小学生的思辨思维并不强，用语言进行描述时会出现不符合逻辑的问题。例如：有的学生会描述"皓月当空、繁星满天"，但实际上，明月当空之时，其周围的星星数量相对较少，正所谓"月朗星稀"。之所以出现语言逻辑上的问题，是因为小学生缺乏观察、反思或推理的过程，即思辨能力不强。

（二）培养学生思辨能力的原则

在习作中表达自己的观点和看法是习作的基本要求之一。这就要求学生具备思辨能力。具体的培养原则如下。

1.将思辨能力纳入教学目标之中

思辨能力的培养并不是一蹴而就的，没有任何能力的培养是可以一劳永逸的。教师应将思辨能力的培养纳入教学目标之中，并明确思辨能力培养的具体目标，并在此基础上，设计具体的教学活动和教学课程，在潜移默化之中提升学生的思辨能力。

2.将思辨能力纳入评价标准

评价在教学活动中发挥着关键的导向作用，通过评价可以对课程教学进行有针对性的改革。将课堂教学的思辨维度纳入教学评价体系，可以有效促进思辨能力和语言能力的发展融合，有利于引导语文教师在习作教学中重视思辨能力的培养，有利于学生引起对思辨能力的重视，使思辨标准内化为学生的思维习惯，最终外化为思辨能力。

3.对思辨能力进行常规化操作

思辨能力可以通过后天培养和反复训练获得。因此，语文教师应采取具体的措施训练学生的思辨能力，将其落实到单元学习、章节学习、课时学习之中。在课堂的常规活动之中，教师可提出具有思辨性的问题，引导学生进行独立思考、讨论和分享，最终找到答案。

4.融合语言能力和思辨能力

微视频习作教学固然重视培养学生的思辨能力，但这并不代表会忽视培养学生的语言能力。相反，微视频习作教学甚至对语言学习有着更高的标准，更加重视学生的语言能力，其主张各种类型的语言实践活动，通过这些语言实践活动可以有效提升语言使用的准确度和恰当性。

## 二、微视频习作中思辨训练方法

培养小学生的思辨能力是一个漫长的过程，教师应当结合不同的训练主题和习作的具体要求，从多角度、多层面出发，训练学生的形象思维能力、辩证思维能力、发散思维能力等，最终形成小学生的思辨能力。

在微视频习作中，借助微视频的特点和优势，教师可以分层次、分模块培养学生的思辨能力，更好地开展学生思辨能力的训练。其方法和策略如下。

### （一）发散思维能力训练

所谓发散思维，是指学生在思考问题时可以从不同的思维视角、方向、层面进行思考，最终获取不同的思维结果。发散思维是培养学生思辨能力的开端，学生只有懂得从不同的角度和方向对事物进行分析和理解，才能看到事物的多样性，进而提高自身的思辨能力。教师可以从下方面训练学生的发散思维能力。

1. 鼓励学生在习作中开放多元表达

发散思维的本质是多角度、求异性的思考方式，这意味着并不需要学生对某件事形成统一的看法，而是鼓励学生从不同的角度对事物进行评价。因此，教师应当选择具有发散性的话题，有意识地锻炼学生的发散思维，鼓励学生提出不同的见解和观点，这样不仅可以帮助学生积累解决问题的方法和技巧，还可以帮助学生提高发散思维能力。例如：教师可以选取"未来的科技生活"的习作话题引导学生进行深层次的思考，并在随后的习作练习中鼓励学生进行多元表达。

2. 利用微视频打开学生的发散思维

在微视频习作教学之中，微视频是必不可少的工具和手段，教师可以借助微视频打开学生的"话匣子"，引起学生对话题的关注和兴趣。例如：教师可以借助具有社会争议性的微视频，通过播放相关微视频引起学生讨论的欲望，并在交流和讨论中引导学生打破单一视角的局限性，站在他人的角度进行思考，从而探寻事物的本质和真相。

3. 协调学生的发散思维和聚合思维

凡事皆有两面性，发散思维固然可以让学生想到更多，但也会导致学生漫无目的地进行思考，最终无法对思维进行整合，无法形成对事物的看法。因此，教师应当协调学生发散思维和聚合思维的关系，指导学生将飘在空中的思维平稳降落到中心，以形成不同的见解和解决方法。例如：教师在设置以"科技，让生活更美好"为内容的习作题目时，可以引导学生从不同的角度和层面评价，甚至对未来科技进行畅想。这时，教师还应当引导学生将发散的思维进行聚合，即最终的落脚点应为"生活更加美好"，而不是发散到其他落脚点。

**（二）辩证思维能力训练**

要培养学生的思辨能力，最重要的是引导学生从多个角度、多个层面、多个方向出发对事物进行评价。

1. 设计开放式习作主题

为更好地引导学生从多个角度看待事物，教师应当设计开放的习作主题，这样才能给学生思维以最大的"自由"，使学生可以自主选择论证事物的角度和方向，并用恰当的语言表达出自己的思考，体会探究的乐趣。因此，教师的习作题目应当尽量贴近学生的生活，当学生因为某一问题的表达出现分歧时，要鼓励学生进行交流和讨论。例如：在学习《将相和》一文时，有的学生从蔺相如的角度出发，得出人应该宽容大度的观点，有的学生则从廉颇的角度出发，得出人应该知错就改的观点，这些不同的观点和见解才是设计开放式习作主题的最终目标。

在开放式习作中，针对学生不同的观点和态度，教师应当采取包容的态度，甚至可以组织相关辩论会，让不同观点的学生进行辩论，这样才能真正提高学生的思辨能力。

2. 组织开展辩论会

要想培养学生的思辨能力，必须采取有效的实践。因此，教师可以组织开展辩论会，通过辩论会的主题——"开卷是否有益"——组织学生形成正反两方，在辩论赛中说出自己的见解和看法，并从对方的观点中受到启发，在思维的火花的相互碰撞中，帮助学生学会辩证地看待问题。

3. 借助微视频激活学生的辩证思维

微视频可以为学生展示具体生动的事件过程，加以直指中心的话语，可以有效激活学生的辩证思维。例如：教师可以播放小品《扶不扶》的视频片段，并以此为契机，引导学生透过事情表象进行深层次思考，激活学生的辩证思维，鼓励学生从不同的角度和视野分析事物，逐渐形成思辨能力。

# 第六节　微视频习作中的技法迁移

微视频在情节展开、环境渲染、人物刻画等方向和文章的写作技巧有着异曲同工之妙，可以为习作技法的学习提供参考和借鉴。

微视频拍摄的基本技法包括慢镜头、空镜头、推镜头、特写镜头，其目的在于展现生动丰富的画面。实践表明，将这些拍摄的基本技法引入小学习作教学之中，以丰富习作教学策略，实现技法的迁移，提高小学生的习作技法和能力。

## 一、慢镜头——丰富细节

微视频中的慢镜头是指将精彩的瞬间或人物的动作神态慢慢展现给观者，给人生动细腻的感觉。例如：某些电影会运用慢镜头将主角的动作、神态等进行刻画，以使人印象深刻、难以忘怀。

同样，我们可以将慢镜头这一拍摄技法运用到文章写作之中，那就是将事物的细节描写进行"串联"，转变为角度多变、动作连贯、语言生动的动态画面，将其细致、深刻的外观或某一特点有序地展示给读者，使习作内容更加丰满形象。例如：在《故乡的杨梅》一文中，作者就应用生动的细节描写将杨梅的外观和味道进行有序串联，文字缓缓读来，感觉秀色可餐的杨梅在读者眼前展开，生动且细腻。又如：在《铺满金色巴掌的水泥道》一文中，作者应用慢镜头的方式将"我慢慢走路去上学"（文中的"一步一步小心地走着，一片一片仔细地数着"）的动作和神态进行细节描写，丰富了习作内容，使文章具有画面感，让人身临其境。

因此，教师可以将微视频中的慢镜头技法迁移到习作之中，引导学生进行生动的细节描写，包括外貌描写、语言描写、心理描写、神态描写等，从不同的角度和方式刻画事物，最终帮助学生掌握细节描写的技巧。

### （一）仔细观察，定格画面

教师在培养学生进行细节描写时，可以借助微视频随时随播的优势对微视频的某一画面进行定格，然后引导学生对其进行细节描写。例如：教师在播放有关春天的微视频时，可以将画面定格在花朵之上，引导学生对花朵的形态、香味、周围环境等进行描写，这样会避免学生流水账式的作文。又如：教师可以播放具有慢镜头的微视频，引导学生按照一定顺序进行描写，然后锁定到给自己留下深刻印象的事物之上，在脑海中定格画面，进行详细的细节描写，如此便可使学生的文章变得更加生动传神。

### （二）分解步骤，放大细节

慢镜头的细节描写是指将一种行为分解为若干个部分，将大动作细化为几个小动作，以使整个动作行为比较连贯，最终形成动态的画面。在教学中，教师可以通过微视频这一媒介引导学生对场景进行分解并放大细节，然后进行相关的习作，以帮助学生提高写作技巧。

例如：在描写公园的场景时，学生可以按照由近及远的顺序进行描写，将顺序分解为"湖水"—"草地"—"假山"—"树林"，然后选定一个或两个印象深刻的景点进行细致入微的描写，就可以呈现栩栩如生的公园场景，将学生从进入公园到从公园出来的情节刻画得淋漓尽致，仿佛我们在学生的带领下一同参观公园一般。

### （三）添枝加叶，润色情节

慢镜头的重点在于"慢"字，要求学生将作文内容写得细致生动，因此可以为某些情节"添枝加叶"，适当进行心理描写和周围环境的描写，使人物形象更加鲜活，更好地表现出人物的个性和思想。因此，教师可以通过微视频这一媒介引导学生对微视频中的场面进行润色，从不同角度进行描写，使场景更加生动。

例如：在描写奥运选手夺冠的情节时，可以选择心理描写、神态描写、周围环境描写等，为人物夺冠的情形进行润色。又如：在进行写景习作时，可以从视觉、触觉、听觉等不同角度写出景物的形、色、声、味，或者使用动静结合、虚实相生的方法进行描述，为景物增添灵性和活力，带给读者身临其境的感觉。

于细微之处见精妙，慢镜头的写作技巧就是利用细节描写，分解步骤方法细节，添枝加叶，润色情节，让读者像看微电影一样去品味文章的内容和情感，将人物形象、情节场景刻画得栩栩如生。通过微视频为学生讲解慢镜头的写作技巧，不仅可以让学生在实践中体会到慢镜头的价值和重要作用，还可以激发学生的写作兴趣，在愉悦中掌握生动细节描写的窍门，形成自己匠心独运的习作风格。

### 二、空镜头——借物喻情

微视频中的空镜头是指画面中没有人，仅有某些具有象征意义景物的镜头，因此又被称为景物镜头。在微视频中，空镜头常常用来介绍环境背景、抒发人物情绪、表达作者态度、推进故事情节等，具有说明、暗示、隐喻、象征等作用，可以产生烘托氛围、借物抒情、渲染意境的艺术效果。例如：在《小城之春》电影中有这样一段空镜头：阴暗的光线折射在角落，此时窗边的兰花孤独地绽放，显得落寞而萧条。这段空镜头虽然没有呈现女主人的神态动作等，但巧妙隐喻着女主人的人生发展，起着借物喻情的作用。

同样，教师可以将空镜头这一拍摄技法应用到习作教学之中，引导学生掌握托物言志、借景抒情的写作技巧。在进行写作时，学生可以对周围环境进行描写，通过借物喻情的手法显示出人物的心理感受或命运走向，这样将会令读者产生隽永深刻、意蕴悠长的感觉，将文章变得更加生动奇妙。例如：在《金色的鱼钩》一文中，作者以"在这个长满了红锈的鱼钩上，闪烁着灿烂的金色的光芒"作为结局，尽管结尾没有对"老班长"这一人物进行描写，却通过对鱼钩的描写，寄托着作者的深刻情感和深深敬佩，这反而为读者留下了心理体验的空间，具有"此处无言胜万语"的效果。

因此，教师可以针对微视频中的空镜头进行鉴赏，以帮助学生掌握借物喻情写作技法，实现拍摄技法和写作技法的迁移。其训练策略如下。

### （一）选取贴近学生生活的习作题目

所谓借物喻情，其关键在于"情"字，即必须有真实的情感或思想，才能借助相关的景物进行表达。对于小学生而言，他们的"情"很简单，大多是喜怒哀乐、父母之情、同学之情、教师之情等。因此，教师必须选取贴近小学生生活的习作题目，这样才能让学生有情可写、有情可抒。例如：教师可以选取《写一个感动的人》习作题目，便于学生融入自己的感受、寄托自己的情感，从而自然而然地运用借物喻情的写作技法。

### （二）引导学生感受微视频中的画面

在选定相关习作题目之后，为激发学生的习作欲望、引起学生的习作兴趣，教师可以播放具有空镜头的微视频。例如：在某些电影片段中，总会出现主角镜头随着主角移动，最后将镜头定格在落日、天空之中，这就是典型的空镜头。教师可以借此让学生展开讨论，交流这样的空镜头带给他们的心理体验，从而在讨论中深刻体验空镜头的作用。

实际上，一段悠扬的音乐、一声大雁的鸣叫、一个滴答的时钟……当借助微视频将这些空镜头拉长之后，学生都可以有所感悟，而这也为习作教学提供了无限的想象空间。

### （三）引导学生进行借物喻情的习作

在观看相关微视频之后，教师需要引导学生进行相关习作，即运用借物喻情的写作技巧进行习作训练。

首先，引导学生对微视频中的空镜头进行详细描述，通过对微视频中空镜头的描写引导学生体验借物喻情的重要作用。

其次，引导学生针对此次习作训练的题目进行构思，尤其是对如何体现出自己的真情实感以及空镜头的运用进行构思。

最后，对学生的习作进行评讲，并让学生对彼此的习作进行交流和讨论，以更好地掌握借物喻情的写作技法。

### 三、推镜头——点面结合

微视频中的推镜头是指画面内的景物逐渐放大，使观者的视线从整体看到某一局部，其作用是突出重点拍摄对象。在进行拍摄时，需要保持镜头和拍摄事物的距离，然后再逐渐推进镜头，以便于观众的视线随着镜头的推进而发生改变，最终将每个观众的注意力都拉到同一个点上。

同样，我们可以将推镜头这一拍摄技法运用到文章写作之中，在写作之中不仅要注意"面"，还要写好"点"，即先叙述事物整体的场面，然后随着文字的描述突出文章的写作重点，以吸引读者的关注和兴趣。例如：在写景作文中，多使用推镜头这一写作技巧，读者的视线会随着作者的游览顺序的改变呈现不同的景色，最后将重点放在某一处景观上，对这一处景观进行详细细致的描写，让读者感觉宛若随着作者穿过一幅幅完美的画卷，最终目光定位在某一处景观之中，带给读者新奇独特的欣赏感受。

因此，教师可以针对微视频中的推镜头进行鉴赏，以帮助学生掌握点面结合的写作技法，实现拍摄技法和写作技法的迁移。其训练策略如下。

### （一）引导学生感受整体的画面

在对某个场面进行描写时，不但需要关注整个场面的气氛，而且要注意到场面中个别事物的细微之处，这样才能在复杂的场面中清晰有序地找到观察和写作的思路。因此，教师需要选取具有推镜头的微视频进行播放，引导学生感受整体的画面，引导学生明确活动的顺序，并尝试将其进行分解，思考应当选取的镜头。

**（二）引导学生感受画面中的重点**

教师需要再次播放微视频，让学生自主选择描述的"点"，既可以是其中的主角，又可以是旁观者，甚至可以是周围的环境，并引导学生关注其中的动作和神态，抓住自己将要描写的"点"。

**（三）进行微视频回放**

由于微视频中的人物、人物活动较多，其细节更多，因此在描述复杂的活动时，学生可能会出现左支右绌的情况，需要教师再次播放这段微视频，以唤起学生原有的情感体验，引导学生对自己"关注的点"进行再次观察，尤其是关注"点"细微的变化等，并对这些变化进行描述，这样就可以用"点面结合"的技巧写出生动形象的场景。

**（四）进行相关习作练习**

微视频播放结束之后，教师需要引导学生动笔进行练习，就其中的场景或情节进行描述，并及时进行习作的评改。需要注意的是，在正式习作之前，教师可以让学生进行口头表达训练，学生之间进行交流和讨论，如：整体的画面氛围如何描述、选择哪个具体的"点"进行描述、从哪个景物开始进行叙述，等等。通过进一步引导可以帮助学生理解"点面结合"的写作思路，获得较为清晰的写作视角。

## 四、特写镜头——抓住重点

微视频中的特写镜头是指利用近距离的拍摄形式，具体拍出人或者事物的局部，其作用是为观众呈现事物的重要特征，具有突出和强调的艺术作用，能够让观者感受到强烈的视觉冲击和心灵震撼。

同样，我们可以将特写镜头这一拍摄技巧应用到习作之中，在写作中合理应用特写镜头来重点表现人物或事物的部分特征，以更好地凸显人物性格或事物组成。例如：可以重点选择人物的眼睛、手部、脸部或者某个表情进行细致的描写，帮助读者快速找到文章的亮点，体会作者所要表达的思想和情感。在《刷子李》一文中，作者就应用特写镜头的方法塑造出手艺高超的人物形象，对刷子李的刷墙动作进行详细描写："只见师傅的手臂悠然摆来,悠然摆去……真好比平平整整打开一面雪白的屏障。"在这里的描述中,作者仅是对刷子李的手臂动作进行重点细致的描写,就可以让读者体会到刷子李的专业和娴熟。除此之外,作者还对刷子李的裤子进行重点描写,以"黄豆大小的白点"衬托出刷子李的高超技艺,塑造出典型人物的形象。

因此,教师可以将微视频中的"特写镜头"技法迁移到习作之中,引导学生抓住人物或事物的重要特征进行描写,以塑造出鲜明的人物或事物形象。具体方法如下。

**（一）引导学生理解"特写镜头"**

所谓"特写镜头",是指近距离拍摄人或物的某些局部,以突出和强调人或物的局部。

为了使学生更好地理解视频中的特写镜头,教师应当选择具有特写镜头的微视频,并在出现人物特写镜头时进行定格暂停,进而帮助学生通过局部特点感受人物的状态、心理、处境等,最终理解特写镜头的作用和价值。

同时,教师应当引导学生理解习作中的特写镜头。例如:在某位同学的习作中,对自己父亲的手部进行了细致描写:"父亲的手掌布满了老茧和皱纹,当父亲的双手反过来时,手指甲一半被压黑了……"教师应当引导学生对习作中的重点描写进行讨论和交流,以掌握抓住重点这一写作技法。

总之,在习作之中,通过特写镜头的技法可以放大人物的局部特点,用以体现人物的状态和处境,寥寥几笔就可以让读者仿佛看到那个场景,具有点睛之妙。

**（二）引导学生进行特写镜头训练**

在理解和感受到特写镜头的作用之后,很多学生跃跃欲试,有很多的话想要表达。因此,教师应当针对学生的兴趣和认知,设定相关的习作训练题目,如:《我最爱吃的菜》。

在进行习作训练时,教师可以让学生对喜欢的菜进行镜头特写（写作时间不要太长,10分钟左右即可）,通过描述饭菜的色香味为读者重点展示饭菜的特征,然后组织同学对习作进行交流和讨论,讨论习作是否写出了饭菜的颜色、形状和味道,是否让人产生画面既视感。

接着,教师可以播放相关饭菜的微视频,将画面暂停定格到相关特写镜头之上,为学生提供仔细观察的机会和灵感,激发学生的想象能力。有了微视频的加持，学生将会事半功倍，进一步修改完善自己的表达，将菜肴描写得生动诱人。

总之，在习作之中，教师应当鼓励学生运用特写镜头对人物或事物的局部进行浓墨重彩或细致入微的描写，以使读者感受到人物的状态和感受。

当然，除了慢镜头、空镜头、推镜头、特写镜头之外，在微视频中还存在很多拍摄技法，如：开门见山、设置悬念，这些技法同样可以应用到习作教学之中，使学生的习作变得更加生动具体。因此，教师可以尝试多种方法或手段，实现微视频和习作教学之间的技法迁移，更好地构建微视频习作教学路径。

下篇

微视频习作的课堂实践

# 第四章 微视频习作与口语交际训练

## 让儿童言语表达与精神成长完美契合

——一年级微视频口语表达课《我长大了》实录与评析

### 板块一 图片导入，猜测情节，激发兴趣

师：同学们，听说你们最爱听故事、读故事，还很会讲故事。今天老师跟大家一起读故事、讲故事。大家喜欢吗？

生：喜欢。

师：今天故事的题目是（师板书：我长大了，生书空，读题）。

师：我们一起来认识故事中三个人物（出示小矶鹬和妈妈的图片），知道它们是谁吗？

生：不知道。

师：（出示带拼音的"矶鹬"，齐读）跟它打个招呼吧！

生：嗨，你好，矶鹬。

师：你们能猜猜它们之间的关系吗？

生：大的是矶鹬妈妈，小的是矶鹬宝宝。

师：对，还有一个可爱的小家伙（出示寄居蟹图片），有谁知道这个穿着红色盔甲的小家伙是谁？

生：蜗牛。

生：寄居蟹。

师：真是个知识丰富的孩子，你说对了。（出示：寄居蟹）我们也跟它打个招呼吧。（生亲热地打招呼）

师：它和小矶鹬之间是什么关系呢？

生：朋友。

师：小朋友们，怎样才能称为朋友呢？

生：常在一起玩，就是朋友。

生：熟悉了就是朋友了。

生：互相帮助的就是朋友。

师：说得真好，看来你们平时对待朋友很真诚。那么，这会是一个什么样的故事呢？让我们一起走进这个故事吧。

点评：认识故事中的三个人物，并猜测人物之间的关系，学生的阅读欲望和探究心理在未成曲调先有情的点染中被激活，同时巧妙地为后续的阅读与表达建构整体感知。

师：（出示相关截图并同步讲读）在美丽的大海边生活着好多矶鹬，海滩上还生活着红红的寄居蟹和各种各样的贝类，贝类可是矶鹬的美餐呢！

"轰——"，海浪从远方欢笑着涌过来，吓得矶鹬赶紧往岸边跑去；等到海浪退下去了，矶鹬又飞过来找食物。矶鹬在和海浪玩捉迷藏呢！

师：（出示图片）你们看谁来了？

生：矶鹬妈妈和宝宝。

师：看，矶鹬宝宝张开嘴巴干什么？

生：在打哈欠。

生：刚刚睡醒，在伸懒腰。

生：它饿了，要妈妈喂虫子吃。

师：同学们的想象真丰富。它的确是饿了，它怎么跟妈妈说呢？

生：妈妈，我饿了，我要吃虫子。

生：妈妈，我要吃你昨天喂我吃的那个，太好吃了！

生：妈妈，我的肚子咕咕叫了。（众人大笑）

师：看来矶鹬宝宝真的饿坏了。那妈妈喂它了吗？它怎么回答宝宝的呢？

生：我这就去找虫子，你等着。

生：你自己去找东西吃。

生：不能吃太多，吃太多了就会变得肥肥的，都胖成小圆球了。（众人

大笑)

师:看来妈妈常常这样说你。同学们说得真好,我们一起来看看故事里是怎么写的,看看谁跟作者想的一样。(出示对话,播放画外音)

> 矶鹬宝宝:妈妈,我饿了,你喂我吧!
>
> 矶鹬妈妈:海滩上有好多贝类,可好吃了,你自己去找吧!
>
> 矶鹬宝宝:妈妈,海浪那么大,我不敢去,等我长大一点再去,好不好?
>
> 矶鹬妈妈:孩子,你已经长大了,大胆去试试吧。

师:想不想演一演?下面同桌合作,一个扮演矶鹬妈妈,一个扮演矶鹬宝宝,读读对话,还可以加上动作哦。(学生朗读,教师指导,并指名表演)

师:看同学们读得津津有味,老师也想读了。老师做矶鹬妈妈,谁愿意做矶鹬宝宝呢?

(师生情境对话表演。)

师:你演得真可爱,长大一定是个好演员!可是妈妈坚决要让孩子自己去找食物,矶鹬宝宝敢不敢跟着妈妈一起去海滩上找食物呢?我们继续往下看。(出示图片)

师:矶鹬宝宝怎么了?

生:它身上的羽毛乱蓬蓬的。

生:它好像很害怕。

师:你从哪里看出它害怕呢?

生:我从它的眼睛看出来了,还有它身上的羽毛都竖起来了。

师:眼睛是心灵的窗户,你也有一双火眼金睛。它为什么害怕呢?

生:它还小,飞不快,飞不高,别的矶鹬笑话它了。

生:贝壳会把它的小嘴巴夹住。

生:它还可能摔倒。

生:海浪把它冲得乱七八糟。

师:你想得很合理,但是只能说海浪把它的羽毛冲得乱七八糟,把它冲得晕头转向。

生:贝壳还可能夹住它的脚,它走不动,海浪来了,它吓得大喊妈妈。

师:你真会想象,会编故事,大家把掌声送给他。是的,矶鹬宝宝饿极了,也飞到海滩上去了,正像同学们说的那样,它差点被海浪卷走了,好不容易回到家里，妈妈又来了。它会跟宝宝说什么呢？

生：孩子，你怎么了？

生：宝贝，吓坏了吧。来，妈妈抱抱。

生：孩子，别怕，妈妈去捉虫子给你吃。

师：我们来看看作者是怎样编故事的。（出示对话）

> 矶鹬宝宝：妈妈，妈妈，我差点被海浪卷走了！
>
> 矶鹬妈妈：孩子，吓到了吧！
>
> 矶鹬宝宝：嗯！妈妈，以后……我再也不去了。我都饿坏了！
>
> 矶鹬妈妈：孩子，你已经长大了，要学会自己捕食，要不怕海浪。自己再去试试吧！

师：下面同桌分角色读对话，注意要表现出矶鹬宝宝的害怕。

（学生分角色朗读，有的孩子还加上了自己的动作。）

师：你们的表现老师要打一百分，因为你们读出了宝宝的害怕（板书：害怕），还有妈妈的安慰。

师：妈妈再一次叫宝宝自己去找食物，宝宝敢去吗？

生：（大多摇头摆手）不敢，不敢……

生：它要去，因为妈妈不喂它，它太饿了。

点评：师生共读，不仅在于共读故事，更在于共读过程中获得相应的认知能力。教师安排了两次读图，遵循的都是观察图画—猜测语言—验证情节的程序，这使学生在简单的重复中提升了观察能力、想象能力，也为其后续的自主创编指引了思维路径。

## 板块二　观看视频，展开想象，创编故事

师：到底谁猜对了？我们认真看一段视频，注意它遇到了谁？它们又说了什么？矶鹬宝宝从它身上学到了什么？（播放视频，学生观看，看得很投入。）

师：遇到谁了？

生：（齐声）寄居蟹。

师：（依次出示以上两幅图片）大家看，这是它们初次见面，注意观察它们的眼神，它们会说什么呢？

这张图片是它们第二次面对面，它们又会说什么呢？编故事给同桌听，可以互相补充。

（学生编故事，教师巡视指导。）

师：看到你们说得那么起劲，看来故事编得一定很精彩，我都迫不及待想听了。

生："你是谁啊？"矶鹬宝宝问。"我是寄居蟹，你又是谁呢？"寄居蟹说。"哦，我们握握手做朋友吧！不跟你说了，妈妈走了，我要去那边找食物。"矶鹬宝宝一直看着小寄居蟹走远了。突然，海浪来了，小寄居蟹吓得大喊。一会儿，海浪下去了，小寄居蟹在那里美美地吃着。矶鹬宝宝就放心了。又有海浪来了，小寄居蟹赶紧钻到泥沙里去，矶鹬宝宝也跟着钻进去了。小寄居蟹把矶鹬宝宝推醒了，它睁开眼睛，看到了好多扇贝。

师：你讲得真仔细，老师都听入了迷。还有谁来试试吗？

生："我的红衣服好看吧！你都看得我不好意思了。你是谁啊？"小寄居蟹问。"我是矶鹬啊，你怎么从泥沙里钻出来啊？""我就住在泥沙里，我们做朋友吧！""好啊。你到哪里去呢？""我跟爸爸妈妈去那边找吃的，你去不去？""我不敢去。""没事的，跟我学。我走了，再见！"一会儿，海浪来了，小矶鹬吓得大喊："朋友，赶紧回来。"可是，海水已经把寄居蟹冲走了。一会儿，海浪退下去了，小矶鹬睁大眼睛，看到寄居蟹还在那里大口大口吃着，它感到很奇怪，连忙跑过去。"你不怕海浪？""那有什么好怕的，它来了，我就钻到泥土里。""哦，原来这样啊！"海浪又来了，小矶鹬也跟着往泥沙里钻。小寄居蟹看到小矶鹬晕过去了，连忙把它推醒。小矶鹬睁开眼睛，看到了好多好吃的，开心极了。

师：我真高兴，同学们的故事讲得这么好。

点评：微视频的穿插让学生的阅读视野丰厚而舒展。在动态的视觉化基础上，再定格"小矶鹬"和"寄居蟹"的特写镜头，进行表达创编。经历了前两次读图实践，学生已经掌握了相应的解构方法，所以这个环节的表达，外化的不仅是学生的言语质量，更是习得的言语经验。

## 板块三　观看视频，体会情感，回扣主题

师：是啊，小矶鹬睁开眼睛看到了它从来没有看到过的景象，淡蓝色的海

水，各种各样的美丽的贝类，它可乐坏了！它高兴成什么样子了呢？我们继续来看视频。（播放视频）

师：小矶鹬高兴成什么样子了？它会说些什么呢？谁能按照这种句型说说呢？

（出示：小矶鹬高兴得＿＿＿，它对＿＿＿说："＿＿＿＿＿＿。"）

生：小矶鹬高兴得又蹦又跳，它对寄居蟹说："谢谢你，让我学会了捕食的本领。"

生：小矶鹬高兴得手舞足蹈，它对妈妈说："妈妈，我终于学会捕食了！"

生：小矶鹬高兴得围着朋友转了好几圈，它对寄居蟹说："朋友，是你教会了我捕食，我很开心！"

生：小矶鹬高兴得飞来飞去，它对寄居蟹说："你真是我的好朋友！"

生：小矶鹬高兴得围着妈妈转，它对妈妈说："妈妈，我不再害怕海浪了，看我给你找来了好多食物，妈妈快吃吧。"

师：你真是个孝顺的宝宝。从你们的发言中，老师感受到了小矶鹬成功后的喜悦。他变成了一只——

生：勇敢的矶鹬。

（师板书："勇敢"。）

> 点评：同样是先介入微视频，再引入表达训练，但与上一个环节相比，这里没有了画面定格的辅助，而是需要即时回顾捕捉镜头，考验学生的思维能力和想象能力。课堂设计的表达训练呈现层次性、逻辑性，环环相扣。

## 板块四　回顾梳理，联系生活，理解"长大"

师：矶鹬宝宝也有好多话跟你们说哦。（出示文字和画外音）

> 小朋友们，我很勇敢，战胜了海浪，学会了捕食的本领，我很开心。你们也有跟我同样的经历吗？跟我说说吧！

生：我学游泳的时候怕水，后来就不怕了。

生：我不再怕黑了，敢一个人睡觉。

生：我一开始不会跳绳，天天练，现在会跳了。

师：是的，坚持就是胜利。我们都是勇敢的孩子。同学们，故事的题目是"我长大了"是谁说的呢？

生：矶鹬宝宝。

师：它为什么说自己长大了呢？

生：它学会了捕食。

生：它不再惧怕海浪了。

生：它能为妈妈找东西吃。

师：你能说说"长大"的意思吗？能用"长大就是＿＿＿＿＿"的句型说说吗？

生：长大就是我可以给妈妈拿东西。

生：（用手比划）长大就是我又长高了。

生：长大就是起床不要妈妈叫了。

生：长大就是我可以自己洗澡。

生：长大就是我可以自己梳头，妈妈说我梳得不好看。

师：没关系，自己的事情可以自己做就是长大，老师相信你梳得越来越好看。

生：长大就是我可以自己背书包，不要爸爸背。

师：孩子们，你们说的点点滴滴都在说明自己在慢慢长大，你看老师也列举了几条，大家跟着老师读。

> 长大就是我又长高了。
>
> 长大就是我能够帮妈妈做家务了。
>
> 长大就是我可以独立做作业了。
>
> 长大就是自己的事情可以自己做。
>
> 长大就是我又学会了一种本领。

师：（播放《童年在长大》）同学们，就像矶鹬宝宝一样，我们在生活中总会碰到许多困难，我们不能害怕它，要勇敢地接受挑战，这样我们就会慢慢长大，变得越来越强大（板书：强大）。回去把这个故事讲给你们的爸爸妈妈听吧。

点评：规范的句型结构是低年段的训练重点，教师紧扣年段要求，将言语表达由范例拓展到生活，多角度、全方位地引领学生模仿、创编，丰富了学生的句型图式。

总评：

这节低年级微视频表达课灵动扎实、丰满活泼，为学生的言语表达创设了融情趣与理趣为一体的语言情境，精准地指向了学生的言说品质。

一、科学的教学序列

儿童的认知特点决定了教学的序列要呈现由扶到放的科学规律。张老师的课堂建构，层次清晰、逻辑严密：①两次读图，按"观察图画—猜测语言—验证情节"的程序展开，在实践中观察、想象，获取解构图画密码的方式；②观看微视频，定格画面，借助观察、想象来创编故事；③观看微视频，句型练说；④关联生活，句型练说。这四个环节由教师的教到学生的学，由定格参照到开放言说，教学序列科学而缜密。

二、丰厚的言语经验

言语表达课侧重的是学生言语品质的提升，这堂课的言语练习形式多样、丰富高效。教师在这堂课中共设计四次集中的言语训练：看图猜测语言、看视频创编故事、看视频练说句型、关联生活练说句型。四次言语训练层层递进。学生在多样化的言说练习中活跃了思维，活化了想象，掌握了相应的言语规律。

三、开阔的学习路径

言语表达这个教学目标精准而实在，难能可贵的是教师引入的言说媒介关注了学生的思维特点。介入的微视频不仅契合现代认知方式，更在创设的生动言语情境中激活了言语才情。

低年级言语表达课注重的是言说情境的创设，引导学生在有情境的氛围中表达。课堂亲切活泼，为学生的言说打开了无尽的可能，只有真实、灵动的课堂，儿童的言语表达与精神成长才会完美契合。

（本课执教人：张秀珠，评析：鲁林红）

## 聚焦言语范式　落实语用实践

### ——二上《雾在哪里》教学与评析

### 板块一　识字读题，导入新课

师：同学们喜欢猜谜语吗？这里有一则谜语，大家想不想猜一猜？（课件出示谜语）

> 像云不是云，像烟不是烟，风吹轻轻飘，日出慢慢散。（打一自然现象）

生：雾。

师：同学们反应真快！（课件出示"雾"字）谁来给"雾"字组词？

生：雾气、云雾。

师：你们有什么好办法来记住"雾"字吗？

生：加一加，"雨字头"加"任务"的"务"。

师："雨字头"的字还有很多，比如——

生：雹、雪、雷、霜。

师："雨字头"的字一般都和什么有关？

生：天气。

师：雨字头的字一般和水或天气有关。生活中你见到的雾是什么样的？

生：白茫茫的。

师：（课件出示三幅雾的图片）"白蒙蒙""朦朦胧胧""模模糊糊"等词可以形容雾，谁能用《日月潭》中的一个词语来形容雾中的景物。

生：隐隐约约。

师：同学们想知道雾在哪里吗？今天我们就一起看一看。（课件出示课题）读——

生：《雾在哪里》。

（师板书课题。）

> 评析：猜谜导入"雾"，音形义教学、字族识字、词语描述雾景，再引入课题，开课节奏明快，信息量大，但轻松自然。

## 板块二　初读课文，整体感知

师：雾在哪里呢？我们读读课文就知道了。下面请同学们根据老师的提示去读读课文。

（课件出示自读要求，生按要求读文。）

> （1）自由朗读课文，借助拼音，读准字音，读通句子。
> （2）遇到难读的句子，多读几遍。
> （3）标示自然段序号，圈画生字。

师：老师发现同学们读得特别认真。现在，我要检查一下你们的生字掌握情况。让我们一起准确地读一读吧。（课件出示本课生字，生齐读）读准后鼻音"梁"，读——

生：梁。

师：读准翘舌音"甚至"，读——

生：甚至。

师："暗、岸"是同音字（课件出示"岸""暗"，以及海岸、河岸、湖岸图片），但是它们的意思不一样哦。海边的陆地叫——

生：海岸。

师：河边的陆地叫——

生：河岸。

师：湖边的陆地叫——

生：湖岸。

师：（课件出示两张图片）请大家观察一下这两幅图有什么不同？

生：一幅光线很暗，一幅光线很亮。

师："暗"的反义词是——

生：亮、明。

师：现在我们知道了，"山"字头的"岸"是指水边的陆地，而"日"字旁的"暗"指的是不亮，没有光线。（课件出示"桥梁"图）请看，这是什么？

生：桥梁。

师：（课件出示）"梁"字有两种意思：①原本表示用木料在水上造桥，所以有"木"也有"氵"，现一般指架在柱子上的长木，如"桥梁、房梁"。②指中间高起的部分，如"鼻梁、山梁"。老师把这些生字宝宝放到词语中，大家还能正确地读出来吗？

（女生带读，男生跟读。）

师：课文中的雾是个怎样的孩子？请用文中的词语回答。

生：淘气。

师：你们怎么知道的？

生：课文第一自然段告诉我们的。

师：一起大声读出来。

（课件出示第一自然段，生齐读。师板书：淘气。）

师：老师来考考大家，"淘气"的近义词和反义词分别是——

生：调皮、顽皮；乖巧。

师：淘气的雾孩子最喜欢玩捉迷藏的游戏了，那他要把谁藏起来呢？请大家快速读课文，动手圈一圈。

（生快速读文，圈画词语。）

师：谁来汇报一下？

生：大海、天空、太阳、海岸、自己。

（教师相机板书。）

师：你是从哪里找到的呢？

生：从雾说的话里找到的。

师：（课件出示雾说的话）我们开火车来读一读雾说的话，每人一句，看哪个小朋友能读出雾的"淘气"。（学生开火车读）

> （1）"我要把大海藏起来。"
> （2）"现在我要把天空连同太阳一起藏起来。"
> （3）"现在我要把海岸藏起来。"
> （4）"现在，我该把谁藏起来呢？"
> （5）"我要把自己藏起来。"

师：下面，老师和同学们合作读一读。雾飞到了海上，说——

生：（齐读）"我要把大海藏起来。"

师：他想把天空和太阳藏起来，说——

生：（齐读）"现在我要把天空连同太阳一起藏起来。"

师：他来到了岸边，说——

生：（齐读）"现在我要把海岸藏起来。"

师：他躲到了城市的上空，说——

生：（齐读）"现在，我该把谁藏起来呢？"

师：看来，再也没有什么可藏的了。于是，他说——

生：（齐读）"我要把自己藏起来。"

> 评析：这个板块的教学是在初读课文的基础上完成生字词语的认读，以及对课文的整体感知。字词教学形象、直观，策略多样化；通过童趣化提问引导学生抓住关键词句来整体把握文本，快速高效，为下面的教学铺垫。

### 板块三　品读课文，表达迁移

师：雾孩子太淘气了，他还想考考大家的眼力呢。

师：（课件出示）雾说的这三句话分别藏在课文的哪几个自然段里？

> （1）"我要把大海藏起来。"
> （2）"现在我要把天空连同太阳一起藏起来。"
> （3）"现在我要把海岸藏起来。"

生：第3、4、6自然段。

师：它们又分别在每个自然段的哪个位置？

生：每个自然段的第一句话。

师：同学们观察得很仔细。我们一起来读一读这三个自然段吧，老师读每段雾说的话，同学们一起读后面的内容。

（课件出示3、4、6自然段，师生合作读。）

师：这三个自然段的第一句话都是写雾说的话。除此以外，它们在写法上还有什么相同之处？

生：每段的第二句话都写了雾干了什么。

生：第三句话都是写雾来了之后，景色发生什么变化。

师：你们真是厉害，一下子就发现了讲故事的秘密！课文的这三个自然段在写法上是相同的。每一个段落都是先写雾说了什么，再写雾干了什么，最后写雾来了之后景色的变化。

（课件出示小结。）

师：雾飞到海上，景物有什么变化？读——

生：（齐读）无论是海水、船只，还是蓝色的远方，都看不见了。

师：雾把天空、太阳一起藏起来之后，景色发生了什么变化？读——

生：（齐读）无论是天空，还是天空中的太阳，都看不见了。

师：同学们看，这两个句子有什么相同的地方？

生：这两个句子都用上了"无论……还是……都……"。

师：完全正确！淘气的雾来到我们美丽的校园，这里的景色会发生什么样的变化呢？请大家看视频，试着用"无论……还是……都……"的句式说一说。

（课件播放视频，内容为校园雾来前后的变化，然后出示前后对比的两幅截图。）

生：无论是教学楼，还是花草树木，都看不见了。

生：无论是精美的雕塑，还是可爱的小朋友，都不见了。

师：雾来到岸边，景物又有了什么变化？读——

生：（齐读）房屋、街道、树木、桥梁，甚至行人和小黑猫，雾把一切都藏了起来，什么都看不见了。

师：雾都把城市里的哪些景物藏起来啦？

生：房屋、街道、树木、桥梁、行人和小黑猫。

师：（课件出示）在这些景物里边，房屋、街道、树木、桥梁是大的景物，而行人、小黑猫是——

生：小的景物。

师：房屋、街道、树木、桥梁是静止的景物，而行人、小黑猫是——

生：动态的景物。

师：房屋、街道、树木、桥梁是引人注目的景物，而行人、小黑猫是——

生：毫不起眼的景物。

师：作者是用哪个词把这两类景物连起来的呢？

生：甚至。

师："甚至"说明雾不仅能藏大的——

生：房屋、街道、树木、桥梁

师：还能藏小的——

生：行人、小黑猫。

师：雾能把静止的房屋、街道、树木、桥梁藏起来，甚至还能把动态的……

生：行人、小黑猫也藏起来。

师：雾能把引人注目的房屋、街道、树木、桥梁藏起来，甚至还能把毫不起眼的……

生：行人、小黑猫藏起来。

师：所以课文里说，读——

生：房屋、街道、树木、桥梁，甚至行人和小黑猫，雾把一切都藏了起来，什么都看不见了。

师：（课件出示校园图片）雾来到了学校，雾把校园藏了起来。教学楼——

生：银杏树、雕塑，甚至可爱的小学生，雾把一切都藏起来了，什么都看不见了。

师：雾太淘气了，他又来到了风景优美的公园。这一次，他又藏起了什么？我们看看视频，再完整地说一说吧。

（课件播放视频，内容为公园雾来前后的变化，然后出示前后对比的两幅截图与段式填空。）

（1）"我要把 _____ 藏起来。"于是，他把 _____ 藏了起来。无论_____，还是_____，都看不见了。

（2）"我要把 _____ 藏起来。"他把 _____ 藏了起来。_____ 、_____ 、_____ ，甚至 _____ ，雾把一切都藏了起来，什么都看不见了。

生："我要把公园藏起来。"于是，他把公园藏了起来。无论是碧绿的湖水，还是高大的树木，都看不见了。

生："我要把公园藏起来。"于是，他把公园藏了起来。亭子、树木、小桥，甚至游客和水鸟，雾把一切都藏了起来，什么都看不见了。

师：说得太好了。只要掌握了诀窍，我们也会讲雾的淘气故事。

> 评析：板块三是本节课的重点和亮点，教师敏锐地发现并利用文本第3、4、6自然段在句式和段式上的共性与个性，设计了符合童性思维的朗读、说话训练，巧妙地让学生在"形式多变读一读、模仿课文说一说"中感悟课文的言语范式，并利用微视频和范式支架顺利实现了运用迁移。

## 板块四　指导写字，展示评价

师：雾孩子玩腻了捉迷藏的游戏，他听说我们班同学的字写得特别好看，也想来瞧一瞧。我们来展示一下。（课件出示"切"字）这是——

生："切"字。

师：把字写好，要做到——

生：一看、二写、三对照。

师：看什么？

生："切"是左右结构。

生：第二笔是竖提。

生：右边"刀"字的一撇要穿过竖中线。

师：请看老师写。（老师范写，学生描红后写一个字）

师：谁愿意把自己写得最好看的字展示给大家看看。（展示学生写的生字，师生评价）

师：这节课我们和雾孩子一起认识了生字词，还学会了描写景物变化的句式，并且展示了我们的书写水平。你们开心吗？淘气的雾孩子最后会藏起什么？景色又发生了哪些变化？我们下节课再来学习。

> 评析：写字指导，有分析和示范，有练习与评价，过程自主、完整而且扎实。结课干脆、简洁，同时激发了学生对后续学习的心理期待。

（本课执教人：王梅芳）

# 发现、体验写作智慧之美

## ——六上《盼》第二课时教学实录与评析

### 板块一　由"盼"导入，明确学习任务

师：说到"盼"，我们的脑海中一定会浮现出很多美好的画面，比如——

生：过生日时，我会盼望一个大大的生日蛋糕。

师：盼祝福。

生：快过年了，我会盼望爸爸妈妈早点回家。

师：盼团圆。

生：期末考试后，我会盼望自己有个理想的分数。

师：盼成绩。

师："盼"伴随着我们长大，在我们的童年里烙下了深深的印记，是一种特别美妙的心理感应。那么，怎样将这种心理感应写出来呢？今天我们将通过课文《盼》一起来探究。上课！

> 评析：课前谈话，开启一段发现、体验之旅。由课题导入，化抽象为具象，引发学生对生活经验的追溯，是唤醒，是铺垫。

### 板块二　梳理课文，温习文中事例

师：上节课，我们已经初读过课文了，还记得作家是通过哪几个小事例来写"盼"的吗？

生：盼下雨、盼穿衣、盼出门、盼实现。

师：同学们发现这些小事例有什么共同点？

生：都是围绕"盼"来写的。

师：作者选择这样几个小事例来写，实际上是在悄悄地告诉我们：写作文时，所选择的事例一定要紧紧围绕中心意思，不偏题、不跑题。

> 评析：整体回顾是对习作单元核心写作要素的呼应与强化，是习作单元精读课文教学价值的落实与体现。

## 板块三　串联心理，感受曲折变化

师：这一点我相信大多数同学都能做到，但是怎样将这些小事例写生动写具体可不是一件容易的事儿，简单罗列，不行！还得有一些具体的细节描写方法。简单回顾一下，我们所学过的细节描写方法主要有哪些？大声告诉我！

生：语言描写、心理描写、动作描写、环境描写……

师：本文写的是"盼"，是一种心理活动，因此自然少不了心理描写。请大家跳读课文，找找文中心理描写的语句。

生汇报读：

每天在放学的路上我都这样想：太阳把天烤得这样干，还能长云彩吗？为什么我一有了新雨衣，天气预报总是"晴"呢？

我却放慢了脚步，心想，雨点打在头上，才是世界上最美的事呢！

望着望着又担心起来：要是今天雨都下完了，那明天还有雨可下吗？最好还是留到明天吧。

我走在街上，甩着两只透明的绿袖子，觉得好像雨点儿都特别爱往我的雨衣上落。

师：每一处心理描写背后都暗含着作者怎样的心情呢？

根据学生回答，大屏幕同步梳理：

> 焦急 ➚ 兴奋 ➘ 担忧 ➚ 激动

师：孩子们请看，这些心理描写像一条线串起了整篇课文，直接写出了小蕾蕾"盼"的心情。如果说人的心情也像天气一样，有晴有雨，充满起伏，那这就是一份心情晴雨表了，你觉得这样的心情晴雨表跟平铺直叙地写盼下雨相比，有什么好处？

生：这样写更有趣，写出了"盼"的起伏变化，更能激起读者的阅读兴趣。

生：将"盼"的过程写得很清楚，很详细。

师：真厉害！你不仅体会到了作者的心情，还发现了隐藏在文字背后作者表达的秘密。（板书：心理　曲折）

师小结：文似看山不喜平。曲折的心理活动将蕾蕾对下雨的盼写得一波三折，使"盼"更加具体和生动。

评析：心理活动的描写是写"盼"最直接、最自然的表达方式。采用"跳读法"，找句子体悟人物的心理变化，梳理成"心情晴雨表"，表达的秘密得以直观显现，对于六年级学生，高效、适切。

## 板块四　聚焦语言，体会生动细节

（1）简单交流动作和环境描写。

师：除了心理描写，文中还用上了哪些描写方法来写蕾蕾的盼呢？

生："路上行人都加快了走路的速度，我却放慢了脚步。"这里通过我与行人动作的对比写出了我对下雨的享受，侧面写出了我想穿雨衣的急切心情。。

师：人的动作行为是人物内心的一面镜子。这些有趣的动作描写将盼的心情写活了！（板书：动作　有趣）

生："路边的小杨树忽然沙啦啦地喧闹起来，就像在嘻嘻地笑。还用问，这是起了风。"这一处的景物描写用上了拟人的手法，能看出下雨了，蕾蕾此时非常兴奋。

师：一切景语皆情语，这样的环境描写让我们身临其境，充分感受到了小蕾蕾盼到下雨的愉快心情。（板书：环境　生动）

评析：对于动作和环境描写，处理得简洁快速，为后续学习留下足够的时间。

（2）重点研读语言描写，探究言外之意。

生：我从蕾蕾和妈妈的一段对话也看得出蕾蕾非常想出门，终于盼到下雨后，千方百计与妈妈绕弯弯。

师：是啊，本文语言描写还真不少，大约占了整篇文章的四分之一，其中写得最详细的一处是——

生：5～14自然段。

师：我们将目光聚焦到这几个段落。别小瞧这段对话，可藏着不少小心思哟，找找看，圈画圈画。

生：我从"买酱油"看出了蕾蕾想出门的小心思，而前面强调的"特别特别不累"是为了给"出门买酱油"这个理由打基础。

师：名为"买酱油"，实为出门穿雨衣，言此意彼。

生：我从"还要炖肉"这个谎言看出了蕾蕾的小心思。她是在迷惑妈妈，万一妈妈记混了，真的要炖肉了呢！

师：这叫浑水摸鱼，万一摸到了呢！有意思，请带着你的感受读一读。

（生读。）

师：我听出了你的焦急，仿佛看到了小蕾蕾绞尽脑汁、不肯放弃的样子。

师：孩子们，这一段藏着小心思的对话里，有着三次语言交锋呢。我们一起来梳理梳理，感受一下。第一个回合，单刀直入，蕾蕾使出的招数是——

生：买酱油。

师：妈妈的应对是——

生：已买回。

师：第一个回合，失败！第二招改为了迷魂大法——

生：要炖肉。

师：可惜妈妈没有上当，仍以失败而告终。第三个回合只好放大招啦——

生：骗妈妈，说爸爸要炖肉。

师：由央求变成了欺骗。哎呀呀，一个可爱的小女孩，一个孝顺的乖乖女竟然撒谎了？你为什么要撒谎呢，蕾蕾？

生：因为我实在太想穿上新雨衣了，太想出门了。

师：多可爱呀！所以一计不成，心里又生一计。三个回合下来，你的眼前仿佛站着一位什么样的女孩？

生：活泼可爱。

生：机智聪颖。

师：是啊！可爱机智的小女孩与妈妈的这段对话真有意思，让人读了都忍不住笑出声来，想不想分角色演演？

生：想！

师：同桌先练一练；注意关注提示语，将提示语中的神态、动作带进对话中。

（师巡视指导。）

师：哪两位同学愿意上台来展示展示？

（两生分角色对话，相机指导学生拿捏语气。）

师：这哪里是母女之间的对话，这简直就是一场外交谈判，斗智斗勇、妙趣横生！采访一下妈妈，请问您最后相信女儿的话了吗？

生（妈妈）：不相信。

师：为什么不相信？您是从哪儿看出破绽的？

生（妈妈）：我从她红着脸看出来她是在撒谎的。

师：那您为什么没有道破呢？

生（妈妈）：因为她是我的女儿，我得保护她的自尊心啊！

师：好有爱的妈妈，了不起，我们都得向您学习！掌声响起！俗话说，言为心声，课文抓住蕾蕾和妈妈的语言进行了细致生动的描写，这样既凸显了人物的性格，又将"盼"的心情写得活泼生动、细腻具体。（板书：语言 活泼）

> 评析：通过人物对话来写盼是本文最值得体悟的一处个性化表达。殷老师敏锐地捕捉到这一资源，通过追问、分角色朗读、采访等方式引领学生探究母女对话的言外之意，洞察语言描写背后的写作智慧。这个环节生趣盎然、精彩纷呈。

（3）小结表达技巧。

师：孩子们，通过以上交流和老师的板书，你们有没有总结出将一个小事例写具体、写生动的妙招来？

生：心理描写尽量曲折起伏。

生：语言描写活泼生动。

生：动作描写丰富有趣。

生：还可以加上环境描写的烘托。

师：是的，将一件事情写具体、写生动的方法有很多，今天我们关注的这几点只是其中之一。

> 评析：这一环节是对习作知识的小结。如果教学就此止步，那么这些提炼出来的写作规律还只能停留在陈述性知识层面，未必能转化为习作所必需的程序性知识、策略性知识，本课的教学价值也将大打折扣。

## 板块五　提供情境，围绕中心表达

师：接下来就到了你们大显身手的时候了，老师带来了一个小视频，视频中的小女孩小月是一个留守儿童，她也心有所盼，她盼的是什么呢？

（播放两分钟的短视频，学生看后交流。）

生：小月盼的是与爸爸妈妈团聚。

师：大家看得非常认真！是的，对于一个留守儿童来说，最盼的不是一块香甜的巧克力，也不是一个精美的玩具，更不敢奢望一次愉快的旅行，他们的盼是如此简单，那就是，与爸爸妈妈——

生：团聚！

师：老师定格了几个瞬间，我们回忆一下刚才的视频，你觉得哪个场景最能让你体会到小月内心的盼？

生：我觉得小月独自走在桥上的那个片段最能体现小月的盼。她看着别人的爸爸教孩子骑自行车，心里羡慕极了！

师：是啊！她多么盼望车上坐的是自己啊。

生：小月和她弟弟画画的那个片段最令我感动。他们画着一家人团圆的情景，那是因为他们心里实在是太想念爸爸妈妈了。

师：是啊，心里极度渴望，盼而不得，只能诉诸画笔了。

生：我觉得一家人忙着中秋团圆饭的场景最能体现盼，大家期盼这一天很久了，所以忙得热火朝天。

> 评析："微视频介入—整体感知—场景聚焦—直观感性的生活画面—视听感官的刺激"给学生带来感同身受的体验和积极言说的欲望。

师：中秋团聚，漫长的期盼终于有了归宿。你们的体会很到位。这个视频虽然只有短短的两分多钟，但是镜头中蕴含着许多的细节值得细细体会。如果要用文字把这些画面描述出来，你觉得要通过哪些细节描写才能凸显出小月的盼呢？

生：我认为要有人物的对话。

生：可以加一些人物的心理活动。

生：还可以加一些环境描写。

……

师：老师从中挑选了三个瞬间，你们觉得适合什么描写为主？

生：第一幅以心理描写为主，写写小月内心的感受。

生：第二幅以语言描写为主，写一写小月与弟弟的对话。

生：第三幅以动作描写为主，写写家人忙团圆饭的场景。

师：接下来就让我们选择一个画面，借鉴课文中的这些细节描写方法，将小月的"盼"也写生动具体吧。

> 评析：微视频画面的定格把镜头语言转化为习作语言，就是学习把生活画面转化为文字表述，最终形成独立习作力。殷老师精选三幅截图，各侧重一种描写方法的实践运用，既有鲜明的导向性，又有适度的自主性。

（学生练写片段后，老师现场加串词，邀请三名学生一起合作汇报展示。）

师：请三位同学拿上自己的片段上讲台，其他同学当小老师，如果你从他们的片段里能感受到小月的盼，就请你送给他最热烈的掌声！

师：从小父母不在身边，跟着爷爷奶奶的小月成了留守儿童，从此，日历上的每一天都写满了盼，生病时盼望一个温暖的怀抱，拿着奖状时盼着有人分享……

生：每当看到别人的爸爸妈妈陪伴着孩子，小月总会失神地望着他们。一天，小月看到一位叔叔小心地扶着儿子，耐心地教他骑车，瞬间，心里像打翻了五味瓶，真是羡慕嫉妒恨啊！有爸爸的陪伴是多么幸福的一件事，哪怕摔得遍体鳞伤也不会觉得疼的，她多想此刻坐在自行车座椅上的是她自己啊！小月越想越觉得自己孤独得像一根小草，漫不经心地踢着路边的石子，直到这对幸福的父子渐渐模糊了背影。

师：就这样，小月感受着与自己年龄不相符的孤独。记忆倒是美好的，却又那样稍纵即逝，她只好把满满的思念都交给手中的画笔……

生：每当想念爸爸妈妈，小月总会拿起画笔画下他们的样子。这时，弟弟也会凑过来，天真无邪地问："姐姐，你在画什么呀？"小月认真地回答："我在画我们一家人的团聚。""我也想画。"弟弟总是抢着画。小月把画小心地递给弟弟，并嘱咐他："一定要画完哦，画画完了，爸爸妈妈也就回来了。"夜深了，画在继续，思念也在继续。

师：每逢佳节倍思亲，中秋就要到了，一家团圆的日子近了……

生：听说爸爸妈妈要回来了，小月激动得整晚睡不着觉。天还没亮，一家人就忙开了，摘菜、洗米、烧火、煮饭，"老头子，你动作快点儿！"奶奶的嗓门比平时大了许多倍。"好嘞，"爷爷小心翼翼地摆着月饼，乐呵呵地对奶奶说，"好久都没见孩子们这么开心了，你看，小月笑得多欢呀！"小月和弟弟也跑前跑后，帮奶奶端盘子、洗菜碗，厨房里欢声笑语，一派欢乐的景象。

师：中秋夜，终于盼回了爸爸妈妈，这一刻月亮变得格外圆润，生命变得格外温暖，世间所有的盼不都是这样吗？有起有伏，有得有失，生命才如此美好！

师：三位孩子都用上了今天所学的几种细节描写方法，并且各有侧重。让故事里的小月有想法、有话说、有动作、有情境，真是"四有好编剧"呀！还记得我们刚刚送给他们掌声的理由吗？

生：写出了小月的盼。

师：这就是我们这个单元的习作目标：围绕中心意思写具体！

（板书：围绕中心意思写具体。）

师：希望你们将这种方法运用到单元大习作当中去，一定会写得更加精彩！还可以将你作文纸上另外两个场景也写一写，像我们一样加上开头和结尾，也就成了一篇完整的习作了。

评析：有了文本写作智慧的借鉴，有了微视频情境的呈现，学生高品质的表达如约而至，非常精彩。同时，囿于时间限制，当堂只能完成片段写作，如何体现篇章意识？如何凸显单元习作要素？执教者采用了师生合作，连缀成文的方式，完成一篇留守儿童之"盼"，该"作品"文质俱佳，令人拍案叫绝。

总评：

习作单元精读课文如何教？我们课题组推出的这节课做出了有益的探索，也给一线教师提供了诸多借鉴。

一是功能定位把握准确。习作单元的精读课文教学，其功能定位就是"从阅读中学习、体会文章的表达方式"。六（上）习作单元的核心习作目标是"围绕中心意思写"，两篇精读课文承担的就是探索、发现表达方法的任务，其中《盼》主要侧重"选取不同事例表达中心意思"。这节课始终牢牢铆定阅读目标，带领学生阅读课文，寻找、发现写作智慧，引导学生随堂练笔实践，体验写作智慧之美，真正做到了"为写引读，以读导写"。

二是文本个性充分利用。《盼》这篇文章，作者选材有匠心，心理刻画显功力，通过几个典型事例（或者叫情节更准确）和多种描写方法成功刻画了蕾蕾"盼"的心理。课文第5～14自然段充满童趣的人物语言、鲜活亲切的生活场景极大地激活着学生的阅读兴趣。以对话写心理是这个文本的"独特之处"，也是最优质的教学资源。老师通过多种形式的朗读，带领孩子体悟、发现这个部分的语言表达之趣，学生兴趣之浓，朗读之欢，发现写作密码之多，令人欣喜。

三是教学策略运用巧妙。本节课大体可分为"读中发现"和"写中体验"两个教学板块。课文阅读，无论是脉络梳理、细节品读，还是读中体悟，探寻作家的写作密码，都在精心设计的言语实践中实现，如在跳读中寻找重点语句，提取关键词绘制心情晴雨表，多形式朗读发现对话言外之意……这些不同的活动策略确保了教学疏密有致，重点突出，扎实高效。课堂练笔，精选的微视频资源无缝桥接了文本情境与生活情境，截图定格聚焦典型镜头，为学生顺畅"倾吐"，为表达方法的顺利迁移搭建了支架。无论是选材谋篇还是细节刻画，学生的写作都因此有了无限的可能。

综观全课，执教者自始至终都引领着学生在发现、体验中尽情领会写作智慧之美，无痕培养学生对运用祖国语言文字的兴趣和爱好。有了爱的"源头活水"，我们的习作教学也必将拥有"诗和远方"。

（本课执教人：殷桃玲）

# 为写引读，读中学写

## ——六上习作单元《夏天里的成长》重点段落教学

《夏天里的成长》是六年级上册习作单元的第一篇精读课文。这篇说理性散文按照总分式结构行文，第二自然段到第四自然段围绕第一自然段"夏天是万物迅速生长的季节"展开，分别写出了夏天里植物、动物、非生物、小学生、中学生等都在迅速生长。其中，第二自然段是重点段，也采用总分式构段，围绕第一句话着重写出瓜藤、高粱、竹林、小鸡、小猫等植物、动物都在飞快地长，观察细腻，描写巧妙，语句优美。这个段落的教学宜驻足精读，细细体会其"选取适当的材料表现中心"的写法。以下谈谈我们的教学实践与思考。

### 板块一　整体把握，直指表达

师：下面让我们走进第二自然段，看看作者是如何把生物的迅速生长写具体的。请同学们快速浏览，找出这一段的中心句。

生：生物在夏天本来是天天长的，不过夏天的长是飞快的长，跳跃的长，活生生看得见的长。

师：这段话围绕中心句，写到了哪些生物在夏天里的飞快生长？

生：这段话写了瓜藤、竹子、高粱、鲜花、苔藓、小草和蔬菜的生长。

师：哇，作者举的例子还真不少，其实大致可以分作两类，知道哪两类吗？

生：植物和动物。

评析：整体把握，表面看是对语段内容的提取感知，但思考从"如何把生物的迅速生长写具体"切入，教学就因此直指表达，奠定"为写而读"的基调，凸显了习作单元精读课文的功能定位。

## 板块二　朗读品悟，探究写法

（1）一读，读出生长之快。

师：那这些植物和动物是怎么生长的呢？请你读一读课文，找出相关的语句。

生1：瓜藤是一天长出几寸。竹子、高粱是一夜多出半截。

师：用你的朗读告诉我。

（生再读，突出"一天""几寸""一夜""半截"。）

生2：鲜花的生长是昨天是苞蕾，今天是鲜花，明天就变成了小果实。

师：从苞蕾到小果实，真的是三天的时间吗？

生2：不是，这里作者使用了夸张的写法来表达鲜花长得很快。

师：你不仅明白了作者写的内容，还理解了作者的写法，真了不起。这里的今天指的是现在，昨天和明天指的是什么？

生齐答：过去，未来（将来）。

师：能不能用"昨天、今天、明天"来说说其他生物的迅速生长？

生3：昨天还是一粒小小的瓜籽，今天是一棵绿油油的瓜苗，明天就变成了一个圆圆的大西瓜了。

生4：昨天还是刚冒泡的花骨朵，今天就开出一朵娇艳的花儿，明天就变成了可爱的小草莓，涨红了脸蛋，散发出诱人的香味。

师：西瓜和草莓长得真快！我们继续交流。

生5：白石头的长是几天不见就长满了苔藓。黄泥土的长是几天不见就变成了草坪菜畦。

师：白石头和黄泥土会长吗？其实写的是什么的生长？

生5：苔藓、小草和蔬菜。

师：谁来读出它们的迅速生长？

（一生读，读得特别好。）

师：把掌声送给他。小动物们怎么长的？

生6：邻家的小猫、小狗、小鸡和小鸭，个把月不过来，再见面，它们已经有了妈妈的一半大。

师：作者用什么方法写出了它们的生长？

生7：对比，把它们跟自己的妈妈进行对比。

师：你真会读书！把你的理解读出来。

（生读。）

师：老师根据你们的发现与朗读把书上的文字变了变，看看作者是怎么把生物的迅速生长写具体的呢？

生：我发现红色的都是表示时间的词语，蓝色的写出了生物长得快。

生：我发现时间都很短，生物的变化都很大。

师：让我们读出生物生长迅速的原因就在这里，时间很短，生物的变化很大。（板书：时间短 变化大）

> 评析："围绕中心意思写"，无论构段还是谋篇，对于六年级学生来说并不陌生。围绕中心合理选材、具体表达是本单元教学的着力点。因此，这个重点段落的精读重心铆定在"如何描写生长迅速"，聚焦言语形式，探寻作家表达背后的密码。

（2）二读，读出句式之美.

师：我们来合作朗读第一句，你在棚架上——

生：看瓜藤。

师：你在竹子林、高粱地里——

生：听声音。

师：发现什么了？

生：我发现作者写了看到的和听到的。

生：有视觉、听觉。

师：反应真快！作者是从视觉和听觉两个角度选材的。其实，感受生物的生长，我们不仅可以去看、去听，还可以——

生：摸、闻、嗅。

师：是的，可以调动所有的感官去感受。我们再细细地读读这些文字，看看还有什么新的发现。我读上面的句子，你接下面的句子。

师：看瓜藤。

生：听声音。

师：一天长出几寸。

生：一夜多出半截。

师：昨天是苞蕾。

生：今天是鲜花。

师：明天——

生：就变成了小果实。

师：几天不见，就长满了苔藓。

生：几天不见，就变成了草坪菜畦。

师：读起来什么感觉？

生：对对子的感觉。

生：读诗的感觉。

（3）三读，积累优美文字。

师：句式整齐，读起来有诗的美感。老师把它又变一变，谁跟老师一起读？

（师生合作读。）

师：这么有趣，这么优美的文字，你记下来了吗？我们来试一试。

（男女生合作背诵。）

评析：观察事物，视觉与听觉结合；描写长势，长句与短句错落。通过师生对读、接龙读等多种形式的朗读，体会语言之美，激发学生对祖国语言文字的热爱之情，并当堂练习背诵，不知不觉中就完成了语言积累。

## 板块三　段式仿写，迁移运用

师：夏天里，生物的长是飞快的长，跳跃的长，活生生的看得见的长。还有哪些动植物也在夏天里飞速生长呢？我们来看段微视频，请注意事物的变化。

（看完后定格画面。）

师：你看到了哪些事物在生长？请在学习单上填一填，说一说。

| 地　点 | 事　物 | 变　化 |
|---|---|---|
| 池塘 | 荷叶 | 从"小荷才露尖尖角"到"接天莲叶无穷碧" |
|  |  |  |
|  |  |  |
|  |  |  |

　　生1：短短几天，池塘里"小荷才露尖尖角"变成了"接天莲叶无穷碧"。

　　生2：白花花的水田里栽上了一棵棵嫩嫩的秧苗，过几天再去看，水田已经变成一块绿油油的地毯了。

　　生3：瞧瞧树林里，昨天鸟窝里还是躺着一个个凉凉的鸟蛋，今天就变成一只只啾啾鸣叫的小鸟，明天它们已经变成了展翅翱翔的雄鹰了。

　　生4：一片绿油油的草地，过几天你再来，不知从哪儿冒出了许多小花，五彩缤纷，香气袭人。

　　师：同学们说得很具体，也很精彩。除了这些，你还知道哪些生物在夏天里迅速生长呢？

　　生：昨天还是一个个小黑点，今天就变成了甩着长尾巴的小蝌蚪，明天就变成了一只活蹦乱跳的小青蛙。

师：把后面那个"就"字改成"又"，句子更有味道！还有哪些生物也在长？往树林里瞧瞧——

生：鲜花、大树。

师：往菜地里想想——

生：奶奶种的大南瓜、辣椒、西红柿。

师：到果园里看看——

生：石榴、苹果。

师：其实大自然里所有的生物都在迅速地生长，下面我们也来试着写一写我们感受到的夏天里生物的生长。写之前我们来回顾一下作者的写法：整个一段都是围绕第一句话来写的，选材上有植物有动物，有作者看到的也有作者听到的，我们也可以像作者那样运用夸张的手法和整齐的句式生动地写出夏天里生物的迅速生长。

| | |
|---|---|
| 生物从小到大，本来是天天长的，不过夏天的长是飞快的长，跳跃的长，活生生的看得见的长。 | |
| | |
| | |
| 自我评价 | ★★★围绕第一句话来写。<br>★★★★能从不同的角度选取材料。<br>★★★★★能使用有新鲜感的词语，句子生动具体。 |

（学生自由练写，交流评价。）

评析：寻找和发现写作关键知识是习作单元精读课文的价值担当，但其根本目的还是要将这些关键知识转化为学生的习作力，因此写作实践就显得非常重要。利用微视频播放、截图定格、谈话启思的方式，创设情境相协的语境，唤醒学生的生活经验，为写作方法的无痕迁移搭建了支架，学生的精彩表达得以完美预约。

总评：

综观上述三个板块的教学，始终围绕"表达"展开，在整体感知中切入学习主题，在精读品悟中发现写作密码，在段式仿写中迁移运用，学生学得轻松，学得深刻。在习作单元核心要素的统领下，为写引读，读中学写，是充分发挥精读课文及其重点段落教学价值的操作要义。

（本课执教人：吴汪霞）

# 聚焦抒情方法 提升表达能力

## ——六下《那个星期天》第二课时实录与评析

课前，游戏互动，表情包预热。

师：同学们，老师给大家带来了几张有趣的图片，大家熟悉吗？

生：（笑，齐喊）熟悉，是表情包。

师：我们在什么时候会用到它们呢？

生：用微信、QQ与人聊天的时候会经常用到。

师：是啊，只要发一张这样的图片，对方就能立刻知道你此时的心情。如果让你选一张来表达此时的心情，你会选哪一张？

生：第四张，那个龇牙咧嘴、笑眯眯的小黄人。

师：哦，我知道你此时特别开心。老师也把第二张图片（点赞的表情）送给你。

师：表情包表达情感很直白，对方看到图片就能知道你的心情。（出示）这里有三句话，你们能给它配上相应的表情图片，并说说原因吗？

> （1）我擦拭着泪水，站起来，呜咽着说："张先生，我下星期要离开这里了，我们全家移民到危地马拉，我……我再没有机会学习中文了。"
>
> （2）路旁的一朵朵花儿好像在对我微笑，树上的鸟儿也在欢唱，树叶沙沙作响，好像也在为我鼓掌。
>
> （3）住方家大院的八儿，今天喜得快要发疯了，又跳又笑又唱。

生：第一句话配那个不开心的表情。从"擦拭泪水、呜咽"等词语，我体会到了难过、不开心。

生：第二句话可以配上那张微笑鼓掌的表情。从"微笑、鼓掌"等词语中我读到了开心。

生：第三句话可以配上第三张高兴得手舞足蹈的表情。因为它说"喜得快要发疯了"。

师：是的，作家通常用语言、动作、景物描写的方法来表达真情实感。（出示：语言、动作、景物。）

评析：用学生熟悉的表情包作为课前互动的媒介，带领学生在不知不觉中进入本课核心知识的学习，轻松而有趣。

## 板块一　复习引入，梳理情感变化

师：今天，我们将走进课文《那个星期天》，看看著名作家史铁生是怎样表达人物情感变化的。我们首先来回忆一下这一天人物的情感变化。

（出示第一课时板书。）

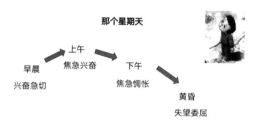

师：早晨的时候，"我"盼望妈妈带我出去玩，我的心情是——

生：兴奋急切。

师：上午的等待，课文中有一个词可以概括"我"的心情——

生：焦急兴奋。

师：到了下午，因为午觉睡过了头，可能没有机会出去玩了，"我"的心情变得——

生：焦急惆怅。

师：黄昏时，天已经黑了，"我"知道出去玩是不可能的，我感到——

生：失望委屈。

评析：复习旧知，在回顾中梳理出课文的两条线索——一条指向事情的发展，一条指向人物心情的变化，为后续的细读品味做好铺垫。

## 板块二　细读品味，感悟叙事抒情方法

师：在这一天里，"我"的心情经历了这样的变化。这种复杂、曲折的情感，作者是怎样表达出来的呢？请看图片。（出示课文第一幅插图）这幅图与课文中哪段文字相对应？

生：第 4 自然段。

师：请同学们自由朗读第 4 自然段，思考这段文字围绕哪句话来写的？这段时光不好挨，那"我"在这段时光里都做了些什么呢？

生：这段话围绕"这段时光不好挨"这句话来写的。

师：这段时光不好挨，那"我"在这段时光里都做了些什么呢？

生：跳房子、看云彩走、拨弄蚁穴、翻看画报。

（根据学生的回答，对照图片依次出示。）

师：下面我们通过合作朗读来体会一下这样描写的妙处。是啊，这段时光不好挨，"我"只好——

生：（齐读）踏着一块块方砖跳，跳房子，等母亲回来。

师：母亲没有回来，"我"只好——

生：（齐读）看着天，看着云彩走，等母亲回来，焦急又兴奋。

师：母亲还是没有回来，"我"只好——

生：（齐读）蹲在院子的地上，用树枝拨弄着一个蚁穴，爬着去找更多的蚁穴。

师：母亲依旧没有回来，而且院子里就"我"一个孩子，也没人跟我玩，"我"只好——

生：（齐读）坐在草丛里翻看一本画报，那是一本看了多少回的电影画报。

师："我"为什么会做这么多事情呢？

生："我"急着出去玩，母亲又没有回来，等待的时间太漫长了。

生："我"做这些事都是为了打发时间。

师：等待的每一分钟都是漫长的，"我"做了这么多事就是为了打发时间。如果把前面的三件事去掉，只选最后一件事来写行不行？（出示）

> 这段时光不好挨。我坐在草丛里翻看一本画报，那是一本看了多少回的电影画报。那上面有一群比我大的女孩子，一个个都非常漂亮。我坐在草丛里看她们，想象她们的家，想象她们此刻在干什么，想象她们的兄弟姐妹和她们的父母，想象她们的声音。

生：不行。这样写让人感觉"我"喜爱看电影画报，沉浸其中，这样就与第一句话前后矛盾。

生：这样写不行，不能突出小男孩的焦急兴奋。我也有过这样的经历，这个时候我的内心是心神不宁的，不可能安心做一件事情。

师：是啊！等待的时间漫长又而无聊，等待的心情焦急又兴奋，"我"怎么可能安心做一件事呢？作者就是通过这些具体事例中人物的行为举止写出了这段时光不好挨。（板书：行为举止）

评析：聚焦重点语段，通过解构段式、合作朗读、删改比对等言语实践活动让学生悄然感悟到运用行为举止描写来表达心情的方法。

## 板块三　细读品悟，体会内心独白的抒情方法

师：古人云："言为心声。"作者除了通过具体的事例中人物的行为举止来表达情感，人物的语言、心理活动也能流露出情感。（出示第5自然段内心独白的句子）

> 走吧，您不是说买菜回来就走吗？好啦好啦，没看我正忙呢吗？真奇怪，该是我有理的事呀？不是吗，我不是一直在等着，母亲不是答应过了吗？整个上午我就跟在母亲腿底下：去吗？去吧，走吧，怎么还不走呀？走吧……

师：请同学们阅读这段文字，思考这段文字用了哪些描写方法？

生：语言描写。

师：是谁与谁之间的对话？

生："我"和母亲。

师：请把"我"和母亲之间的对话读出来。

生：走吧，您不是说买菜回来就走吗？好啦好啦，没看我正忙呢吗？真奇怪，该是我有理的事呀？

师：请问旁边的这位同学，你一直举着手是有什么问题吗？

生：她读的前面的内容是语言描写。可最后面一句话是作者心里想的，是人物的心理活动。

师：现在老师把这段话变了一下，分成了三部分。大家再读一读，看看有什么发现？

> 走吧，您不是说买菜回来就走吗？
> 好啦好啦，没看我正忙呢吗？

> 真奇怪，该是我有理的事呀？不是吗，我不是一直在等着，母亲不是答应过了吗？
>
> 去吗？去吧，走吧，怎么还不走呀？走吧……

生：我发现了第一部分是"我"和母亲之间的对话，是语言描写。

生：我发现了第二部分是"我"心里想的，是心理活动的描写。

生：我发现最后一个部分是"我"跟着母亲后面的念念叨叨，也是语言描写。

师：（指名读错的那位同学）你能说一说你为什么会读错吗？这些描写和平时我们看到的人物对话有什么不同？

生：这里没有提示语和双引号。

师：作者为什么要这样写呢？老师给第一处语言描写的句子加上了提示语和双引号，我们来读一读，体会一下。（出示对比的句子，指名读）

> 走吧，您不是说买菜回来就走吗？好啦好啦，没看我正忙呢吗？
>
> 我对母亲说："走吧，您不是说买菜回来就走吗？"
>
> 母亲回答："好啦好啦，没看我正忙呢吗？"

生：更能突出"我"当时的焦急。

生：没有提示语的句子，读起来没有停顿，感觉更连贯。

师：是的，加上提示语，句子显得拖沓，去掉提示语语气更加连贯，更能突出"我"此时的焦急。谁能通过朗读来表现出人物的这种焦急心情呢？

（生有感情地读。）

师：特殊形式的人物对话和自言自语式的心理活动交织在一起，这就是人物的"内心独白"。

（板书：内心独白。）

师：课文中还有很多这样的内心独白。用富有儿童情味的内心独白表达心情直接又鲜明，最能表达人物的情感。

评析：课文的言语内容平白易懂，但言语形式的奥秘不点不破。这个环节的教学通过反复朗读和变式比较，引导学生自主品味，悟出文本的言语意图，直指表达。

### 板块四　精读环境描写，学习融情于景

师：除了通过人物的外在和内心来表情达意外，课文中还有很多处描写太阳光线变化的句子，作者这样描写的意图是什么？请大家找出来并在旁边做批注。

（生汇报。）

师：请看这三个句子，光线发生了什么变化？

> 我感觉到周围的光线渐渐暗下去，渐渐地凉下去沉郁下去，越来越远越来越缥缈，我一声不吭，忽然有点儿明白了。
>
> 我现在还能感觉到那光线漫长而急遽的变化，孤独而惆怅的黄昏的到来，并且听得见母亲咔嚓咔嚓搓衣服的声音，那声音永无休止就像时光的脚步。
>
> 男孩儿蹲在那个又大又重的洗衣盆旁，依偎在母亲怀里，闭上眼睛不再看太阳，光线正无可挽回地消逝，一派荒凉。

生：光线渐渐暗下去，渐渐凉下去，正无可挽回地消逝。

师：光线的变化意味着时间是怎样的变化？

生：时间在一点点流逝，天渐渐黑了。

师：心情又有怎样的变化呢？

生：先是焦急等待，后来是失望、委屈。渐渐暗下去的不仅是光线，还有"我"出去玩的希望啊！

生：最后的一派荒凉，其实是小男孩伤心到极点，内心一派荒凉。

师：作者表面上是在写景物，实际上是在表达人物的心情呢！像这样的描写，我们把它叫作"融情于景"。（板书：融情于景）

师：人的心情不同，看待景物的感受是不一样的。

（出示句子：那是个春天的早晨，阳光明媚。）

师：这句话出现在课文的哪里？

生：文章的开头部分，第 3 自然段。

师：这里的环境描写起什么作用？

生：衬托"我"当时心情愉悦，因为母亲要带"我"出去玩了。

师：对，这里的环境描写也是用来暗示、烘托人物的心情。一切景语皆情语，作者内心充满期待时，看到的阳光都是明媚的、可爱的。用上这样的环境描写，我们的文章会更生动、精彩。

> 评析：环境描写在叙事文本中很容易被当作"闲笔"忽略，将描写阳光变化的语句归拢起来品读，联系到与之对应的情节和人物心情变化，自然易于发现三种变化背后所传递的表达深意——"一切景语皆情语"。如果此处再加入一个表格加以归纳、关联，效果或许会更好。

## 板块五　梳理方法，迁移运用

师：这篇课文主要运用了这三种方法来表达人物的情感，回忆一下我们前面学过的《匆匆》一文，两篇文章在表达情感的方式上有什么不同？（出示表格）

生：《匆匆》一文主要运用连续追问、直抒胸臆的方法来表达情感；《那个星期天》这篇课文主要通过人物的行为举止、内心活动和融情于景的方法来表达情感。

《匆匆》和《那个星期天》表达情感方式上的不同：

| 《匆匆》 | 连续追问 | 直抒胸臆 | |
| --- | --- | --- | --- |
| 《那个星期天》 | 行为举止 | 内心独白 | 融情于景 |

师：老师给大家带来了一段视频，这是一则公益广告，名为《等待》。我们一起来看一看。

（播放视频，学生观看。）

师：小女孩在等待谁？

生：爸爸。

师：等到了吗？

生：没有。

师：老师把这个视频变成了一篇短文，请大家读一读，这段文字主要运用了哪一种方法来表达人物的情感变化？

> ### 等　待
>
> 　　夜已深，小雪躺在床上翻来覆去，枕边的奖状不知第几次拿起又被放下，被子也已不知被踢到了哪个角落。
>
> 　　"叮铃铃"电话响了，小雪一骨碌从床上爬起来，打开房门，发现不是爸爸的电话。小雪回到床边，无力地倒在床上。
>
> 　　夜更深了，小雪静静地躺在床上，等着爸爸回来。窗外隐隐传来汽车的"辘辘"声，越来越近。小雪一下子蹦了起来，扒在窗户上，睁大眼睛看着从前方驶来的车子。可还来不及高兴，车子已从窗边闪过，离开了。
>
> 　　不知过了多长时间，小雪模模糊糊地听到"咚、咚"开门、关门的声音，猛地清醒过来，抓起奖状，跳下床，赤着脚冲向客厅，那里空荡荡的……

生：人物的行为举止。

师：大家再读短文，结合刚才视频里的内容，想一想哪些地方可以加入内心独白，哪些地方可以加入环境描写？

生：内心独白是把特殊形式的人物对话和自言自语式的心理活动交织在一起。所以电话铃声响起，小女孩起来接电话的那个片段可以加入人物的内心独白。

生：小女孩每一次等待、每一次失望都可以加入内心独白。

师：是啊，只要设身处地，联系生活实际，内心活动就能加进去。

生：可以在文章的开头部分加入环境描写，突出小女孩的孤独、焦急。

生：可以在小女孩扒在窗户上往外望的地方加入环境描写，灯光的变化也意味着小女孩内心的变化。

……

师：同学们讲得真好。接下来请同学们拿出练习单，选择其中的一次等待，加入恰当的内心独白或环境描写，将小雪的失望、难过写具体。

（生改写。）

师：请三位同学朗读自己修改的段落，其他同学当小老师，看看他加入了什么内容，从中感受到了小女孩怎样的情感。

生1：夜已深，房间一片昏暗。爸爸，你快点回来吧，我要给你一个惊喜。小雪躺在床上翻来覆去，枕边的奖状不知第几次拿起又被放下，被子也不知被踢到了哪个角落。

生2："叮铃铃"电话响了。一定是爸爸的电话！小雪一骨碌从床上爬起来，打开房门。是爸爸吗？不是。唉！小雪回到床边，无力地倒在床上。爸爸，你什么时候回来呀？

生3：小雪静静地躺在床上，等着爸爸回来。窗外隐隐传来汽车的"辘辘"声，越来越近，窗玻璃上闪过一道白色的光。爸爸，是爸爸回来了！小雪一下子蹦了起来，扒在窗户上，睁大着眼睛看着从前方驶来的车子，灯光照亮了整个房间，一切都明亮起来。可还来不及高兴，光线又渐渐暗下去，"辘辘"声也渐行渐远。没一会儿功夫，黑暗占据了房间的每一个角落，四周又陷入一片寂静之中。

（师生鼓掌。）

师：下面请三位小老师分别对这几位同学的作品进行点评。

生：第一位同学加入了环境描写和内心独白，我仿佛看到那个小女孩躺在昏暗的房间里，焦急地等待爸爸。

生：第二位同学加入了内心独白。里面有人物的对话和心理活动，这个小女孩好像就在我的眼前。

生：第三位同学加入了环境描写和内心独白。抓住了灯光的变化，灯光亮给她带来了希望，灯光暗正如她的内心。

师：感谢三位同学的精彩点评。加入了内心独白、融情于景的句子，故事中的人物形象更饱满，情感更丰富。希望大家能把学到的方法运用到今后的习作中去。

> 评析：习作单元的精读课文就是指向表达的阅读教学，就是要引导学生发现课文表达的秘密，并尝试着用一用。微视频的介入为这种表达尝试提供了语料，提供了支架。看视频，为语段添加环境描写和内心独白，降低了表达的难度，也是基于对学生表达薄弱点的考量，极具针对性。

（本课执教人：张平平）

# 第六章 微视频习作之统编教材习作

## 从观察到表达，在实践中习得

——三上习作单元"交流平台与初试身手"教学实录与点评

### 板块一 交流平台

#### 一、展示名言，导入新课

师：同学们好，非常高兴能与你们一起学习，今天老师给你们带来了一份见面礼。请看大屏幕，谁来把老师送给你们的这句名言读一读？

生：生活中不缺少美，只是缺少发现美的眼睛。

师：这是法国雕塑家罗丹说的话，你们知道这句话的意思吗？

生：生活中不缺少美，我们要有发现美的眼睛。

师：生活中的美无处不在，需要我们仔细观察才能发现。

点评：由本单元导图中罗丹的名言导入新课，直指本单元语文训练要素——观察，让学生明白生活中的美无处不在，需要我们去观察和发现。

## 二、回顾课文，交流发现

师：请回忆我们本单元所学的两篇课文，小作者通过留心观察发现了什么？

生：发现了一只搭船的翠鸟，发现了草地的变化。

师：翠鸟美吗？

生：美！

师：美在哪？

生：它的羽毛颜色美。

师：谁能背诵一下相应的语句？

生：我看见一只彩色的小鸟站在船头，多么美丽啊！它的羽毛是翠绿的，翅膀带着一些蓝色，比鹦鹉还漂亮。它还有一张红色的长嘴。

生：它的动作美。

师：能用一个词来形容它的动作吗？

生：敏捷。

师：你从哪些句子看出翠鸟动作敏捷？

生：我正想着，它一下子冲进水里，不见了。可是，没一会儿，它飞起来了，红色的长嘴衔着一条小鱼。它站在船头，一口把小鱼吞了下去。

师：是啊，一次平常的探亲之旅，作者认识了一个可爱的新朋友——会搭船的翠鸟，还发现翠鸟有着色彩艳丽的羽毛和敏捷的身手。作者是怎么发现的呢？

生：作者细致观察的结果。

师：是的，另一个小作者也有发现，他发现了什么？

生：发现了草地的变化。

师：谁来说说草地到底有什么变化？

生：草地会变色。早上和傍晚草地是绿色的，中午是金色的。

师：为什么会有这样的变化呢？

生：因为蒲公英的花有时张开，有时合拢。

师：发现草地的变化可不是一会儿功夫的事，除了留心观察，还要怎样观察？

生：还要连续观察，长期观察。

点评：回顾课文，梳理观察方法，让学生知道细致观察、连续观察能有新的发现，激发学生观察欲望。

### 三、联系生活，交流发现

师：同学们，你们有一双善于发现的眼睛吗？在平时生活中，你通过细致观察有没有什么发现？来说一说。

生：我发现我家门前的喇叭花早上开得很漂亮，但是到中午就蔫了。

师：你知道为什么吗？

生：（不好意思地笑笑）不知道。

师：同学们，如果我们在观察时发现了自己无法理解的现象可以询问别人或查阅资料弄清楚原因。请你下课后探寻一下原因，明天告诉老师，好吗？

生：好的。

师：还有谁说说自己的发现？

生：我发现我家小狗在吃东西时，你如果靠近它或碰它，它就会对着你龇牙咧嘴地叫，就像要咬你一样。

师：哦，那你可要小心点。

点评：由课文走向生活，交流自己在平时生活中的观察发现，打开了学生的话匣子，让学生享受留心观察就会有所发现的成就感。

## 板块二　初试身手

### 一、观察表达，总结方法

**（一）观香蕉，学方法**

1. 多角度观察

师：同学们，你们都有一双善于发现的眼睛！今天老师带来了你们最熟悉的一种水果——香蕉，我们就来好好观察观察，看看有没有新的发现。谁来给我们描述一下你所看到的香蕉？

生：香蕉是黄色的。

师：这位同学观察了香蕉的颜色。

生：香蕉是弯弯的。

师：你观察到了香蕉的形状。谁来想象一下香蕉的形状像什么？

生：香蕉弯弯的，就像一条独木舟。

师：你的想象真丰富，香蕉的形状被你描述得更加生动形象了。同学们，刚才我们从颜色、形状两个方面来观察了香蕉，我们观察物体时可以从不同的角度不同方面进行观察，这样的观察方法就叫多角度观察方法。（板书：多角度）

2. 多感官观察

师：同学们，颜色和形状我们可以通过眼睛看到的，除了用眼睛进行观察，我们还可以怎么观察呢？

生：用手摸一摸。

师：你来摸摸。（学生摸）香蕉摸起来怎样？

生：滑滑的，软软的。

师：除了用手，还可以？

生：亲一亲。

师：你亲过吗？能告诉我们什么感觉吗？

生：亲过，觉得好想吃上一口。

师：真是个可爱的孩子，说出了心中所想。不过老师要提醒你，要注意卫生哦。（剥开香蕉）来，奖励你尝一口。告诉大家，什么味道？

生：甜甜的，软软的，很好吃。

师：同学们，观察事物不仅可以用眼看，还可以用手摸、用嘴尝、用鼻子闻，甚至可以用心想，运用多种感官对事物进行观察。这种观察方法叫多感官观察法。（板书：多感官）

点评：通过观察学生熟悉的水果——香蕉，学习观察方法（多角度、多感官），贴近学生最近发展区，有效激起学生的参与意识和表达欲望。

3. 范例引路，连贯表达

师：有一位同学在家细致地观察了芒果，还动笔写了下来。我们一起看看。

（出示描写芒果的片段：表姐送我一个芒果。它的皮是黄色的，摸上去很光滑。放到鼻子边闻，有一股淡淡的香味；剥开皮尝一下，是一股很特殊的香甜的味道……）

师：同学们读一读。读完了吗？谁来说一说他是怎样观察芒果的？

生：他用眼睛看、用鼻子闻、用手摸、用嘴尝了芒果。

师：多感官的观察方法。

生：他运用了多角度的观察方法，写了芒果的颜色、味道等。

师：是的，这位同学通过看、摸、闻、尝对芒果进行了细致观察，并从不同的角度，按照一定的顺序将芒果描述得清楚明白。谁能学学他，把刚才我们观察到的香蕉完整地描述一遍？可以先和同桌说一说。

（学生同桌练说后指名汇报。）

生：我最喜欢吃的水果是香蕉。它的皮是黄色的，摸上去很光滑，捏一捏，软软的；它弯弯的，就像一条独木舟；放在鼻子间闻一闻，有一种无法形容的香味；剥开皮尝一尝，甜甜的，真好吃！

师：你真是一个善于观察又聪明的孩子。

点评：学生习得观察方法后，如何将零散的语言按照一定的顺序连句成段呢？张老师适时引入范文，让学生先读后说，仿照范文对香蕉的观察所得进行有序表达，这是本节课第一次迁移运用的有效尝试。

（二）玩游戏，抓特点

师：同学们，这两种观察方法你们都学会了吗？下面，我们来玩个游戏，好不好？老师需要请一位最会猜谜的孩子到台前来，谁愿意来？好的，请你。（一生上台）请下面的同学仔细观察屏幕上的图片，再描述出来，台前的同学根据描述猜测是什么。谁来描述这幅图？

【出示西瓜图片，给出提示："这是一种水果，它_____（形状、颜色）。切开后，里面_____（颜色），尝一口_____（味道）……"】

生1：这是一种水果，它圆圆的、绿绿的。切开后，里面是红的，尝一口，甜甜的。

师：你猜猜是什么？

生：苹果。

生1：不对。

师：谁再来试试，将这种水果的特点描述清楚？

生2：这是一种水果，它圆圆的、大大的。外面是绿色，切开后，里面是红的，还有许多黑籽。尝一口，甜甜的，水分很足。

生：西瓜。

师：外面绿，里面红而且有籽，水分足，这是西瓜的特点，抓住了这些特点，猜起来就容易了。好，请回到座位。我们接着猜下一幅图。

（出示荷花图及描述提示：花及叶子形状、颜色、生长环境等。）

生3：这种花生长在水中，花瓣很大，粉红色的。叶子是绿色的，又大又圆。

生：荷花。

师：厉害，敢不敢接受老师的挑战？我来描述一种动物，看谁最先猜到。请听好。它非常可爱。它的身子灰灰的，我喜欢叫它小灰，小小的脑袋上嵌着黑珍珠一样的眼睛，小小的鼻子黑黑的，两只三角形的耳朵向上竖着，（生猜：兔子）四只短脚粗粗的，一根细细的尾巴向上翘着（生猜：猫）。每天我下班回家，它都会摇着尾巴跑来接我。

生：狗！

师：为什么你们那么肯定是狗？

生：因为它摇着尾巴来接你。摇尾巴是狗的特点。

师：对，我们要学会抓住事物的特点进行表达。（板书：抓特点）

> 点评：这一环节的教学充满了趣味性和生长性。通过深受学生欢迎的游戏方式进行观察与表达训练。内容涉及水果、植物、动物，形式由给出填空式描述支架到提示描述方向式支架，在生生互动、师生互动中，学生饶有兴致地进行描述、猜测，并自然总结出表达的方法——抓特点。

（三）观视频，抓动作

师：刚才老师说的就是我家的小狗——"小灰"。小灰特别可爱，有一天，我发现了一件奇怪的事，想知道吗？一起来看视频，小灰到底干了件什么事？

（播放视频。）

生：小灰把一块骨头埋进了土里。

师：你们觉得小灰怎么样？

生：可爱。

生：聪明。

师：从哪里可以看出它聪明可爱？让我们再来看一遍视频，请你们仔细观察小狗的动作，用笔把动作记下来。

（生看视频，做记录。）

师：你们记下了哪些动词？

生：衔、找、挖、放、拱……

师：谁能用这些动词把小狗藏骨头这件趣事说一说？你可以用"我家有一只可爱的小狗叫小灰"或"我家小灰很聪明"开头。

生：我家有一只可爱的小狗叫小灰。有一天，小灰衔着一块骨头准备藏起来。它到处找，终于找到了一块菜地，它用两只前脚挖了一个坑，把骨头放进去，用嘴拱土埋好骨头，然后开开心心地摇着尾巴离开了。

师：说得很不错！开始的时候你看到小灰衔着骨头，知道它是要干嘛吗？

生：不知道。

师：那么爱吃骨头的小灰却衔着骨头迟迟不吃，你不觉得奇怪吗？

生：奇怪。

师：我们在描述这件事时，不但可以说眼中所见，还可以说说心中所想，这样会更加真实、有趣。谁再来试试？

生：我家的小灰既可爱又聪明，我特别喜欢它。有一天，我发现了一件有趣的事。那天下午，小灰嘴里衔着一块骨头走来走去，也不吃。我觉得非常奇怪："咦，小灰平时那么爱吃骨头，今天怎么回事呀？"我决定探个究竟。我跟在小灰后面，只见它来到一颗瓜藤下，用两只前脚使劲挖土，挖出一个坑后，它将嘴里的骨头放进坑里，又用嘴拱土，将骨头埋好，然后小灰开开心心地摇着尾巴走开了。啊，原来小灰是把吃不完的骨头藏起来，留着以后吃。小灰真是一只聪明的狗。

师：他加入了自己的想法，感觉怎么样？

生：他讲得特别清楚，也特别有趣味。

点评：视频介入，生动再现小狗藏骨头的场景。一看视频，了解小狗在干什么；二看视频，分解小狗藏骨头的动作。接着抓住小狗的动作进行口头表达，并鼓励学生加入自己的想法，使小狗藏骨头这件事更加有趣。这个环节的训练有梯度，有支架，有情趣，效果明显。

## 二、迁移运用，指导写作

### （一）迁移运用，试写片段

师：同学们真是一群善于观察，善于表达的好孩子！你们能把小狗藏骨头的过程写下来吗？你也可以选择写平时生活中留心观察的其他事物，如最爱吃的水果、观察过的动植物、调皮的弟弟妹妹……记住，运用多角度、多感官观察方法，描写时抓动作、写想法。

（生写片段，师巡视，适时指导。）

### （二）展示作品，评议修改

师：写好了吗？谁来分享一下自己的作品？

生：我最喜欢吃苹果，它穿着红彤彤的外衣，长得圆溜溜的，特别可爱。红红的果皮下是白嫩的果肉，中间还有黑色的籽。尝一口，味道美味极了。

师：同学们，这位同学写得怎样？

生：好。

师：谁来说说好在哪？

生：她说苹果穿着红彤彤的外衣，长得圆溜溜的，是把苹果当人来写。

师：是呀，这样就把苹果的外形写得更加有趣了！这是值得我们学习的地方。有没有什么地方需要修改呢？仔细看看！

生：我觉得最后一句话有点毛病。

师：你想怎么改？

生：尝一口，味道美极了。

师：真棒，还可以怎么改？

生：尝一口，甜中微微带点酸，美味极了。

师：甜中带点酸，你把味道讲得更准确了。请下课后把自己写的片段改一改，好吗？我们来看下一个作品。

生：泥鳅是一种非常安静的动物，但只要你用手轻轻碰它一下，不管多轻，它都会立即四处乱窜。泥鳅的身体前部有两个鳍在不停地动，非常有趣。嘴边还有几根又细又长的胡须。它的身子很滑，这也是很不容易抓住它的原因。不过，只要抓住它的头后面一点的位置就有可能抓住。这就是泥鳅。

师：谁来评评这位同学写的泥鳅？

生：他运用了多感官观察法，用眼睛看到了泥鳅的鳍、胡须，用手去抓，感觉到泥鳅很滑。

师：你是一个很会学习的孩子，老师要给你点赞。他运用了多种感官从不同的角度对泥鳅进行了观察。谁还想说？

生：他还告诉我怎么抓住滑滑的泥鳅。

师：是的，加入自己平时的生活经验来表达也是一种好方法。

（三）小结

师：同学们，这节课你们学到了什么？

生：我们学到了多角度和多感官观察方法，还学到了抓特点和抓动作的表达方法。

师：你们真是一群会学习的孩子。同学们，生活中的美无处不在，如果我们能用学到的这些方法去观察和表达，那么我们眼中的世界将会变得五彩缤纷！下课，同学们再见。

点评：由于有了前面观察、表达方法的学习指导及口头表达的训练，学生进行片段描写已是水到渠成。张老师让学生自由选择自己观察过的感兴趣的事物进行描写，尊重了学生不同的生活经验和情感体验，能引发学生不同的发现与思考。

总评：

张老师这节课带领学生在情趣盎然的言语实践中梳理观察方法，并尝试运用描述观察所得，对习作单元"交流平台与初试身手"这一板块的教学进行了有效尝试。其主要亮点如下：

一、名言导入，直指教学目标

本单元是指向观察与表达的习作教学单元，学生在《搭船的鸟》和《金色的草地》两篇课文中已经习得了一些观察方法。本节课是在前两课的基础上总结观察方法，并加以迁移运用。为了落实教学目标，张老师由单元导图中罗丹的名言导入新课，让学生明白只要仔细观察就会发现生活中的美。接着由回顾课文走向实际生活，交流观察所得，激发学生的学习兴趣与表达的欲望。

二、巧用实物，习得观察方法

香蕉是学生所熟知的事物，在学习观察方法环节，张老师引导学生用眼睛看，用鼻子闻，用手摸，用嘴巴尝，甚至用心去想，仔细观察香蕉的颜色、形状、味道、软硬等，从而总结出多感官、多角度的观察方法。为了训练学生将零散的语言连句成段，张老师给学生出示了书中对芒果的描写片段，给学生一个示范。让学生读一读，说一说作者是运用什么样的观察方法、按照怎样的顺序进行描述的。接着学以致用，仿照芒果片段口头描述刚才观察到的香蕉。这样从观到说，从学到用，由易到难，学生在轻松愉悦的活动中习得了观察方法。

三、游戏巩固，紧扣特点描述

习作经常令许多学生头疼害怕，游戏却广受学生欢迎。本节课，张老师将游戏与习作有效结合起来，让学生在"你猜我说"的游戏中巩固观察方法，并学习抓住特点进行描述的表达方法。猜测形式有由生看图片描述猜测到听老师描述猜测；猜测内容由水果到植物再到动物。难度也呈螺旋式上升：先给出语言支架，让学生进行填空式描述来猜测西瓜；接着提示描述方向，让学生描述荷花的颜色、生长环境进行猜测；最后毫无凭借，根据老师的描述猜测动物小狗。在老师描述的过程中，学生可以随时猜测，描述结束，猜出是小狗后顺势提问，为什么最后确定是小狗？进而总结出要抓住事物的特点进行描述的表达方法。

四、视频介入，抓住动作表达

在小学语文习作教学中使用多媒体，声、形、情并茂的课件、视频等能有效地激发学生的学习兴趣，使学生乐于学习，易于学习。它改变了教师口述加板书的传统教学方法，帮助课堂突出重点，更好地达成预定的教学目标。在本节课中，张老师将小狗藏食物的有趣视频引入课堂，由上一环节中猜小狗自然过渡到观察小狗藏食物的场景，引导学生抓住动作进行有序观察与正确表达，由静到动，由易到难，激发了学生的表达欲望。

（本课执教人：张兰琴）

# 统整活用，习得精彩

——三上《我们眼中的缤纷世界》实录与评析

## 板块一　交流分享，回顾学习与观察所得

师：同学们，父母赐予我们一双黑色的眼睛，我们用它来看清这缤纷世界。大家通过本单元的学习，对观察有了更深的认识，生活中一定有许多新的发现。请拿出记录单，分享自己的观察所得。

生：胖大海是一种神奇的坚果，长得像一枚小小的橄榄，表皮是褐色的，摸上去非常粗糙，还散发着一股淡淡的中药味。把它放到杯子里用开水一泡，

它立刻破裂、绽开，变成一朵褐色的大花，就连水也变成褐色的了。

师：你真厉害。看一看、摸一摸、闻一闻就发现了胖大海的秘密。是的，只要你细心观察、连续观察，就会对事物有更深、更全的认识。

生：我发现妹妹吃饭特别好玩。她握着勺子半天都不能把饭送到自己嘴里，最后戳到脸蛋上，结果一勺子饭全撒了，弄得脸上、身上、地上都是，真是惨啊！

师：你有一双如翠鸟般锐利的眼睛，捕捉到了妹妹吃饭时的一连串动作。老师给你点赞！

生：课间，我到外面那棵树下玩，发现树叶正反两面颜色不一样，一面深，一面浅。这是为什么？

师：你真是个善于发现的孩子，还能提出问题了！上网查查就会明白。从观察记录中，老师看到了你们的学习收获。运用学到的观察方法留心周围的事物，总会有许多不一样的发现。

> 评析：借助观察记录单，从"初试身手"出发，打通生活与课堂的关联，是对观察方法的回顾，也是对学情基础的检测。

## 板块二 关注变化，活化眼中的缤纷世界

师：同学们，大千世界，不但千姿百态，而且千变万化，就像草地上的蒲公英，又如泡到水里的胖大海。我们要用文字再现缤纷世界，既要观察千姿百态，又要关注千变万化。那么，怎样才能把这些变化写出来呢？（板书：写变化）我们一起看习作例文《我爱故乡的杨梅》片段。这三句话分别从杨梅果的外形、颜色和味道三个不同的角度来写变化，请找出其中表示变化的词语。

杨梅圆圆的，和桂圆一样大小，遍身长着小刺。等杨梅渐渐长熟，刺也渐渐软了，平了。

杨梅先是淡红的，随后变成深红，最后几乎变成黑的了。

没有熟透的杨梅又酸又甜，熟透了就甜津津的，叫人越吃越爱吃。

（生默读思考。）

生：杨梅的小刺会变软变平。

生：杨梅果颜色由淡红到深红，最后几乎变成黑色了。味道由又酸又甜变成甜津津的。

师：能抓住关键词语读出变化，你是个会读书的孩子。作者用什么方法写出来的呢？

生：作者是用表示时间先后顺序的词语来写变化的，如"先是……随后……最后……""没有熟透的……熟透了……"

师：非常好！同学们，要写清楚事物在不同的时间里不同的样子，我们可以用上像"先是……随后……最后……"这样表示时间顺序的词语。类似的词语还有很多，如观察生长中豆芽的变化，我们可以用"第一天""几天过去了"；观察县城一天的变化，我们可以用"早晨""中午""晚上"……（板书：点时间）下面我们用这种方法试着说一说事物的变化。请仔细观察下面两幅画，同桌说说小猫外形的变化，注意用上表示时间的词语。（生同桌互相说，教师巡视指导）

生：小猫全身长着黄白相间的绒毛，看起来特别可爱，真想摸一摸。当它发现猎物时，耳朵竖得直直的，尾巴也竖了起来，特别是那双眼睛睁得圆溜溜的，紧紧盯着树上的蝴蝶；当它吃饱喝足时，便舒舒服服地躺在那里，眼睛眯成了一条缝，还伸出红红的舌头，梳理着自己的爪子，就像我们刷牙一样，看样子特别享受。

师：你不仅说出自己看到的，还加上了自己想到的，老师最喜欢最后一句话"就像我们刷牙一样"，想象丰富，充满童趣。

生：我家的小猫非常可爱。它浑身长满黄白相间的绒毛，在阳光的照射下还发光呢！一天，它来到公园散步，突然发现树上有一只松鼠，它立刻停下来，抬起头，睁大眼睛，盯着猎物，好像随时都在准备战斗；当它吃饱了，就懒洋洋地躺着，眯缝着眼睛。你瞧，它还伸出红红的舌头舔着自己的爪子呢，好不惬意！

师：你们说出了小猫不同时间段的不同姿态，抓住变化将小猫描述得活灵活现，惟妙惟肖。

评析：在静态观察与动态观察的基础上，引导孩子关注事物的变化，学习使用表示时间先后的词语来描述变化，使观察与表达品质再上新台阶。精选例文语段和图片资源，先感知、发现，再迁移、运用，有效促进言语图式的外显与内化。

## 板块三　加入思考，丰盈心中的缤纷世界

师：拥有一双慧眼，世界就变得多姿多彩，摇曳生姿。就像刚才的两位同学一样，加入自己的想象，会让我们笔下的事物充满灵气，趣味无穷。请看（出示课件）：

它静悄悄地停在船头不知有多久了。它站在那里做什么呢？难道它要和我们一起坐船到外祖父家里去吗？

师：这段话中，哪句是写作者看到的？其他句子又是写什么的呢？

生："它静悄悄地停在船头不知有多久了。"这句是写观察到的。"它站在那里做什么呢？难道它要和我们一起坐船到外祖父家里去吗？"这两句是写作者心中的疑问。

师：是的，写观察所得，不仅要写看到的内容，还可以写下心中的追问，这样观察就有了思考。这种追问增强了文章的趣味性。（板书：写想法　增趣味）像这样"写想法"的句子在习作例文《我家的小狗》中也有，请看（出示课件）：

每当有火车开过来，"王子"都以为能跑赢它。等到跑不动了，它便冲着远去的火车汪汪叫上几声，不知是允许火车开走呢，还是骂了火车一顿。

师：在本段话中，哪句话是作者想到的？是根据什么猜想的？

生："不知是允许火车开走呢，还是骂了火车一顿"是作者的猜想，他是根据小狗汪汪叫的动作产生的想象。

师：你喜欢这句话吗？为什么？

生："骂了火车一顿"，小狗骂火车，把小狗当作人来写，真有趣。

师：下面我们也来试试吧。请看大屏幕，老师给你们带来了一位可爱的朋友，它叫绿鹭（出示图片）。看视频，请注意观察绿鹭的动作。

师（播放一小段视频，暂停）：谁来说说你看到了什么？

生：一只绿鹭蹲在水里的石头上，将水面上的一片菜叶衔起来，又丢进水里，反复几次。

师：说得对。大家看到这儿，有什么疑问吗？

生：绿鹭，你是在玩"打水漂"的游戏吗？

生：绿鹭，你这样一次又一次叼起来又丢出去，不累吗？

生：绿鹭，你是在逗鱼儿玩吗？

生：绿鹭，你是把菜叶当作诱饵捕鱼吗？

师：绿鹭说，同学们，别猜了，看看不就知道了。（继续播放视频）

师：看完视频，绿鹭的绝技让我们深深折服！下面大家看着大屏幕，口头完成填空，括号里补动词，横线上补充想法。先自己试着说一说，待会儿找同学说。

生：一只绿鹭（蹲在）河边的一块石头上，它静静地（看）着水面，突然（伸长）脖子用又尖又长的嘴巴（叼起）白色菜叶，使劲把它（扔）向远处，等菜叶漂近了，绿鹭再次（叼起）它，（丢）向远方。它是在跟水中的鱼儿做游戏吗？鱼儿怎么敢跟它玩呢？我正想着，只见绿鹭猛地一（啄），一条可怜的小鱼已经成了它口中的美餐了。

师：动词使用准确，想象充满童趣。

生：一只绿鹭（蹲在）河边的一块石头上，它静静地（盯）着水面，突然（伸长）脖子用又尖又长的嘴巴（衔起）白色菜叶，使劲把它（扔）向远处，等菜叶漂近了，绿鹭再次（叼起）它，（丢）向远方。它这是在把菜叶当作诱饵捕鱼吗？我正想着，只见绿鹭猛地一（啄），一条可怜的小鱼已经成了它口中的美餐了。好一只聪明的"钓鱼郎"！

师：你的猜想跟事情的发展完全一致，末尾的夸赞更是点睛之笔。聪明的绿鹭，聪明的你！

> 评析：读内容，悟形式，品意图，三位一体的文本阅读，表达秘妙，悠然心会。微视频的介入营造了绝佳的观察和语用情境。一次巧妙添加让"写想法"的表达技巧潜滋暗长。

## 板块四　综合运用，畅写笔下的缤纷世界

师：同学们，通过前面的学习，我们明白了怎样写出事物的变化，怎样把事物写有趣。本次习作，我们要写观察到的某种事物或者某一个场景。写作之前，我们先来交流两篇习作例文后的思考题。

> 《我家的小狗》中的"王子"淘气可爱，你从文中的哪些地方发现了它淘气可爱呢？
> 《我爱故乡的杨梅》中作者主要从哪些方面来写杨梅果的特点？

师：我们先交流第一个问题。

生："王子"外形漂亮。

生："我"教"王子"认"狗"的时候，他叫得最欢。

生："王子"跟火车赛跑，真是自不量力。

师：是的，为了表现"王子"淘气可爱这一特点，作者写了三个方面的内容。再看第二道题。

生：作者主要写了杨梅果的外形、颜色和味道。

师：非常好！通过刚才的交流，我们发现这两篇文章在写法上不一样，我们既可以用几件事来表现事物某一个方面的特点，又可以写一个事物的几个方面。（板书：①一个特点，几件事；②一种事物，多个角度。）

师：形式①我们一般用来写什么呢？

生：动物。

师：形式②一般可以写什么呢？

生：水果、植物。

师：是的。下面请同学们从自己的观察记录单中选择一种事物写一写，注意写出事物的变化，加上想象，选择一种合适的形式。

（学生习作，时间 7 ~ 8 分钟。）

生：我家门前的树上结满了橘子。这些橘子有些是青绿色的，有些带着一点黄色。那青绿色的橘子很硬，我想它一定没有成熟，味道很酸；带黄色的橘子有点软，应该可以吃了。我摘了一个黄一点的橘子，闻了闻，真香！我剥开皮，尝了尝，还是很酸。橘子这时候还没有完全成熟，成熟的橘子比蜜还甜呢！

师：你写出了橘子味道的变化，很棒！其实橘子不仅仅味道变化，还有什么也在变化呢？

生：大小和颜色都会发生变化。

师：你一定是个留心生活的孩子，你能说说橘子大小和颜色是怎样变化的吗？

生：我家有好多橘子树，我发现刚开始橘子特别小，就像黄豆一样，青青的，几乎看不见。慢慢地，橘子渐渐长大了，皮也渐渐变黄了。

师：此处应该有掌声！他不仅写出了变化，还把特别小的橘子比作了一粒黄豆，那么小的橘子藏在绿叶丛中的确不容易发现，不像长大了的橘子，远远望去就像……

生：就像挂了好多黄色的灯笼。

师：这位同学写了出了橘子的大小、颜色、味道，采用的是形式②来写的。如果能仿照《我爱故乡的杨梅》写一写自己吃橘子的过程会更好，希望你回家好好修改，写成一篇文章。我们继续分享。

生：我养了一只小乌龟，小小的头，圆圆的身子，背着硬硬的壳，就像战士穿着铠甲一样。它常常静静地趴在鱼缸底部，一动也不动。它是在想它原来的朋友吗？它很胆小，只要外面有一点响动就把头缩进壳里，不过它一点也不怕我，我每天都会给它喂食。

师：你写了小乌龟的外形，特别值得表扬的是，你加上了猜测。你是想写出乌龟胆子小的特点吗？

生：是的。

师：你想一想，还有什么其他的事让你觉得它胆子小吗？

生：有一次，我正在丢肉给它吃，它吃得正起劲，突然我家的小猫"喵"地一叫，它连忙把头缩进去了。别人给它喂食，它也要等人走了才敢伸出头来吃。

师：的确够胆小的。说得特别棒，加上去，你的文章更精彩。

师：同学们，你们在记录卡上记录了有趣的动物、多彩的植物、好吃的水果。我们眼中的缤纷世界还可以是什么呢？请看大屏幕。（播放课本上的照片）

生：村庄、大街上、教室里。

师：是的。同学们，我们应该观察的不仅仅是一种事物，还可以是一处场景，那宁静的乡村、车水马龙的城市、充满生机和活力的校园等都是我们眼中的缤纷世界。课后，请同学们综合运用本单元学到的表达方法完成自己的观察习作。

> 评析：借助课本旁批和表格设计思考题，为探寻例文表达方式启思导航，再总结提炼，无意识感知的表达秘妙得以外显，为自主习作指明方向，初步渗透谋篇意识。综合运用，当堂练写，在习作实践中发展言语智慧，丰富言语生命。

总评：

统编教材"习作单元"习作如何教？这是一个全新的课题与挑战。王老师的这节课给予我们诸多的启示：

一是单元整体观照，彼此呼应。本节课的教学是在完成"精读课文"和"交流平台""初试身手"教学基础之上结合"习作例文"进行的作前指导。基于在精读课文学习中发现观察与表达的一些基本方法，再在"交流平台""初试身手"中提炼总结、尝试运用，王老师根据"初试身手"中呈现出的学情基础，利用"习作例文"进一步优化、提升学生的观察能力与表达品质。这样的教学紧扣单元习作要素整体架构，前后贯通，避免了传统单元习作教学"孤立独行"的尴尬。

二是目标层层递进，拾级而上。习作单元的编排体现了从发现、尝试，再到综合运用的渐进性特点。就本单元而言，在前面学习了细致观察、连续观察，初步尝试了"抓住特点写外形"和"分解动作写场景"的表达方法。王老师在本节课继续挖掘精读课文和习作例文的表达秘妙，重点指导"写变化""写想法"，并且初步渗透了"通过几件事写一个特点""一种事物从几个方面来写"的谋篇意识，这对于三年级学生而言是适切的，也是进一步优化习作品质的有效途径。

三是媒介统整运用，服务表达。"阅读铺路，读中学写"是习作单元的基本理念。无论是"精读课文"还是"习作例文"，都是习作的范本、教学的"用件"。用好、用足课文资源，解构表达密码，及时迁移运用，是教学的应有之义。王老师本节课也不例外，既有对多个"个性"语段的重点使用，又有对两篇习作例文的整体把握。此外，本课引入的图片和微视频资源更是直观、形象，为迁移运用提供了鲜活的观察、表达实践材料，感官刺激强烈，极大激活了学生思维和言语才情。

（本课评析人：张秀珠）

# 教学评一致，小妙招写人物

## ——三年级《身边那些有特点的人》实录与评析

### 板块一　创设语境，列举词语，明确习作主题

师：今天老师要给大家介绍一位朋友（PPT 出示照片）——照片上的小女孩是我的侄女丽丽。老师悄悄告诉你们，她呀，就是个"小吃货"。想象一下，她究竟做了什么事，才拥有了这个称号呢？你说——

生 1：我猜她可能到超市的零食区就走不动路了。

生 2：我想她一定很喜欢吃，也特别能吃。

生 3：我觉得她应该跟我一样，在妈妈还在做饭的时候就忍不住去偷吃。

……

师：同学们怎么这么聪明！全都猜到了。这么多的事情啊，让我印象最深的是第三件。因为一提到"小吃货"这个词，我的脑海中就会浮现这幅画面。

（播放视频：丽丽在妈妈做饭时溜进厨房偷嘴的情景。）

师：感觉怎么样？

生：（笑答）真是一只名副其实的"小馋猫"！

师：像"小吃货"这样的词语还有很多，请大家齐读——

（出示课本页面，生齐读。）

师：你还想到了哪些类似的词语呢？

生：飞毛腿、小博士、钢琴王子、戏精、百灵鸟、工作狂、酒鬼、股迷……

师：这么多词语，有描述性格的，有体现品质的，还有介绍兴趣爱好类的，大家想得真全面，真棒！那么，这些词语有什么共同点呢？对了，它们都是表示人物特点的。今天，我们就来说说"身边那些有特点的人"。（板书课题）

## 板块二　口头表达，语段对比，发现表达秘妙

师：看到这些词语你想到了谁？为什么会想到他？请仿照这样的开头，跟身边的同桌说一说吧。

（PPT 出示。）

> 看见"热心肠"，我想起了同桌，我给你们讲一件事情……
> "昆虫迷"？这不是在说我表哥吗？他在家里养了各种各样的昆虫……

生：我们班的小汪同学是个书迷。下课了，同学们都去操场上玩，只有他总是在看课外书。有一次，他在走廊上看书看入迷了，上课铃响了都没有听见。

师：小汪同学真是一个爱看书的孩子！你说得也很棒。

师：老师也想给大家介绍一下我家的"小吃货"，请大家看屏幕，一起读一读。

（PPT出示，生读。）

> 我的侄女丽丽，就是个"小吃货"。每次见我在厨房里做饭，她都会进去吃烧好的菜。

师：老师是怎么介绍的呢？对，和大家一样，先用一句话介绍人物的特点，再举了一个例子来说明，这就是"特点"加"事例"的方法。这段话写出了我家小侄女的特点。可是老师不太满意，于是对这段话进行了修改，请看——

（PPT出示，指名读。）

> 我的侄女丽丽，就是个"小吃货"。每次一见到我在厨房里做饭，她都会迫不及待地进去转悠转悠。"哇！大蒜炒腊肉、红烧茄子、红烧排骨，都是我的最爱！"她两眼发光，直接下手抓起一块就塞进嘴里吃了起来，还边吃边说："太好吃了，人间美味啊！"

师：这两段话你更喜欢哪一段？

生：第二段。

师：老师也更喜欢片段二。请大家比一比，它们有什么相同的地方和不同的地方呢？看谁有一双善于发现的眼睛。

生：相同的地方——都是先写特点，再通过一件事来说明。

师：对。那么，不同的地方在哪里？

生：一个写得简单，一个写得详细。

师：是的。片段一事情写得简短、概括，片段二事例写得清楚、具体，更有画面感。那么，怎样才能把事例写得清楚一些呢？

生1：可以写一写人物说的话。

生2：还可以写动作。

......

师点击课件逐一说明：一是人物动作加一加；二是让人物开口说话，也就是语言加一加；三是用上一些有新鲜感的词句。（板书：动作、语言、有新鲜感的词句）

### 板块三　迁移运用，自主练写，完成习作片段

师：现在请大家在作业纸上写一段话。先用一句话写出人物的特点，然后写一个事例进行说明。提示：一是运用"特点＋事例"的写法；二是在写事情时加上人物的动作和语言，用上有新鲜感的词句。

（学生练写，教师巡视指导。）

### 板块四　自评习作，展示总结，布置课后作业

师：时间到，请同学们放下笔，看大屏幕。

师：现在请给自己的习作评定一个星级：

你写的片段是否用上了"特点＋事例"的写法，如果是，请给自己画上一颗五角星。

你写的事例里面有动作描写吗？如果有，请给自己再画一颗星。

你写的事例里面人物开口说话了吗？如果有，请给自己再画一颗星。

你写的片段里面用上有新鲜感的词句了吗？如果有，请给自己再添上一颗星。

好了吗？你给自己几颗星？用手势告诉老师。一颗星，两颗星，三颗星，四颗星？看来给自己三颗星的同学比较多。

师：有人说，好字是要挂出来的，好文章是要读出来的。有哪位同学愿意把自己写的片段读给大家听？

生：我的妈妈是一个工作狂。她每天都要忙许多的事情。有一次，我们刚刚回到家中，妈妈就对着她的电脑开始工作。吃饭时，我去喊她，她嘴上答应

着："一会儿就好"，却头也没抬。等我们都吃完了，她还没有来。我过去一看，她还在电脑前忙碌着，早就把吃饭这件事忘得一干二净了……

师：你给自己几颗星？

生：四颗星。

师：大家觉得她的作文能不能得四颗星？为什么？

生：能。因为她用上了"特点＋事例"的写法，还写了人物的语言和动作，还用了"一干二净"这样有新鲜感的词语。

师：对，你评价得很好。还有哪位同学读一下自己的习作？

生：婷婷是个胆小鬼。有一次她被我吓了一跳，接着往后退了一步，脸色苍白，差点哭了。

师：你给自己几颗星？

生：三颗星。

师：你觉得可以如何修改一下呢？

（生沉默。）

师：哪位同学可以帮帮他？

生1：我觉得可以加上人物的语言。

生2：可以说她被我吓得魂飞魄散。

师：说得真好，你可以根据大家的建议修改自己的习作吗？

生：可以。

师：同学们，写出的作文就要大声读出来，读着读着，你就能发现自己的不足；文章不厌百回改，好的文章更是改出来的，相信你课后能把它修改得更加出色！这节课，我们明白了可以通过事例来表现人物的特点，明白了可以通过写好动作、写出声音、用有新鲜感的词句来把事例写清楚，大家表现都很棒！这节课老师给大家留了两道作业，一起来看：

（1）进一步修改所写的片段，加上开头、结尾和标题，写成一篇完整的习作。

（2）习作完成之后，给你写的那个人看看，听听他的评价。

总评：

本节课是统编本三年级下册第六单元的单元习作——写一个身边的人，尝试写出他的特点。

本次习作教材的安排：通过一组表现人物性格、爱好和特长的词语导入习作话题，要求学生在围绕"一人一特点"展开交流的基础上，尝试写一写身边一个有特点的人。

根据语文课程标准对第二学段习作的要求，对于三年级学生，要注重培植习作自信心，注意把自己觉得新奇有趣或印象最深、最受感动的内容写清楚。基于此，本单元习作教写"身边那些有特点的人"，一定要依标扣本，用好、用透教材，让学生在无拘无束的氛围之中打开记忆宝库的大门，畅所欲言，乐于表达，乐于分享习作成果。

这节课的设计有以下四点突出优势。第一，尊重教材的编排意图，利用词语呈现、提问启思的方式来唤醒学生的生活记忆，激发他们的言说欲望，不用概念化的语言对"特点"进行解释，而是通过这些词语对各种人物特点的描述，暗示并拓宽三年级学生对"特点"的认知，重点指导用"特点＋事例"的构段方式写好一段话。

第二，现身说法，用视频播放来呈现生活画面，用范文对比来揭示表达的秘密。针对三年级学生作文起步阶段普遍存在的不能把事例写具体的共性不足，本节课主要渗透了"人物动作加一加，让人物开口说话，用上一些有新鲜感的词句"这三种比较直观、简单的写作小妙招的教学，希望达到"能懂、会用，有提高"的目标。

第三，围绕上述两个方面的核心习作目标策划一组有梯度的学习活动。先让学生根据范式自己说一说，初步感知"特点＋事例"的段式，再通过两个语段的对比探究进一步明确段式，发现把事情写清楚、写具体的三个小窍门，然后迁移运用，用上学到的方法来写自己身边的人，最后评价展示，课后修改。

第四，围绕教学目标设计教学评价，教什么就评什么，目标就是标准，使教与学都能做到有的放矢，重点突出，不会跑偏。

（本课执教人：刘雅娟、何学云）

# 合理畅想　有序表达

## ——三下《未来的……》教学实录与点评

### 板块一　穿越时空，初见主角

师：看过《哆啦A梦》的同学一定特别羡慕它拥有一台时光机，可以在过去和未来自由穿梭！（出示时光机图片）今天就让我们一起乘坐哆啦A梦的时光机穿越到30年后！请同学们看大屏幕。（播放机器人语音：现在时间，早上七点整。主人，别忘了，您今天要去学校参加聚会哦。）机器人管家提醒我别忘了你们的邀请呢。

（播放机器人语音：主人，综合今天早晨的交通状况，建议您选择以下交通工具。再出示未来公交车截图。）

师：我毫不犹豫地采纳了它的建议。

> 评析：巧借"时光机"在现实与未来之间完美穿越。如此开课，科技感十足，虽是虚拟的情境，但逼真有趣，引人入胜。

### 板块二　观察截图，描述外形

师：它给我推荐的是什么交通工具呢？请大家看大图，谁来猜猜这是什么？

生：飞碟。

生：飞行器。

生：它在路上行驶，应该是车子。

师（出示现在的公交车照片）：来，看看它的前世吧。30年前，它长这样——

生：公交车。

师：对，它就是30年后的公交车！如果用一个词语来概括，我们可以说它外形——

生：奇特。

师：这么奇特的公交车，想不想介绍给爸爸妈妈呀？

生：想。

师：怎样说才能让爸爸妈妈听明白呢？其实啊，我们学过的课文里就有很好的例子。作者是怎样描写燕子外形的？（出示）

> 一身（乌黑光亮的）羽毛，一对（俊俏轻快的）翅膀，加上（剪刀似的）尾巴，凑成了（活泼机灵的）小燕子。

生：写了它的羽毛、翅膀、尾巴。

生：先写燕子身体的各部分，再写整体。

师：是的，从部分到整体。括号里的词语有什么作用呢？

生：这些词语具体地写出了燕子的特点。

生："剪刀似的尾巴"，用了打比方，很形象。

师：是的，我们可以把公交车当作燕子，先要弄清楚它的"身体"是由哪些部位构成的。（指各部位，根据学生回答板书：车身、钢杆、轮子）未来公交车由车身、钢杆和轮子构成。下面我们模仿例文片段，具体介绍一下它的外形。

生：未来公交车有一个又大又圆的车身……

师：又大又圆？像气球？准确地说应该是——

生：（齐）扁圆柱形的，像盘子一样。

生：未来公交车车身是扁圆柱形的，由两根细而结实的钢杆支撑着，那是公交车的腿。钢杆底下安装着两个轮子，是公交车的脚，可以在窄窄的轨道上行驶。

师：讲得太好了！相信你的爸爸妈妈听了都能画出公交车的样子。老师也准备向朋友介绍一下，大家看看我说得怎么样。（出示）

> 未来公交车的外形很奇特。它有一个圆盘形的车身，像个飞碟。车身上最显眼的就是那鹰嘴一般的操控室。两条大长腿支撑着庞大的车身，腿的末端安装着两个轮子。

生：说得很清楚，把公交车的各个部位及其特点都说出来了。

师：第一句话是什么句？

生：中心句。

师：对，围绕中心句，抓住事物特点，按照一定的顺序依次介绍，会更有

条理，让人印象深刻。（板书：抓住特点写清楚）

> 评析：向父母描述未来公交车的外形，老师创设交际语境，任务驱动，让表达成为学生的需要。静态的视频截图是观察、描述的对象，课文语段揭示了"事物分解法"，教师的下水文片段提供了"概括叙述＋具体描述"的构段范式，使外形描述的有序化成为可能。

## 板块三　视频引路，转述神奇

师：看到外形这么奇特的公交车，人们不禁会想它会有些什么神奇的功能呢？想不想知道？

生：想！

师：睁大眼睛，观看视频，看清未来公交车有哪些神奇的地方。（播放视频）未来公交车神奇的地方很多，为了给更多同学机会，每个人说一个你觉得最神奇的地方。

生：它行驶的速度非常快！

师：它为什么可以那么快？

生：因为它有自己专门的轨道。

生：它很大，可以乘坐很多人。

师：嗯，载客量大。这得益于它圆盘形车身的设计。

生：它可以自动升降。

师：怎么实现升降的呢？这样有什么好处呢？

生：它的腿伸缩自如。车身升高了就不用跟别的车挤在一个空间里，过桥的时候车身可以降低。

师："挤"字用得真好！不过，"过桥的时候就要降低"，不准确，要改成"从天桥底下通过的时候"，因为从桥上面经过也叫过桥，那时候不用降低车身呢！

生：它可以把别的车子吸住。

师：吸住？

生：有车子撞到它的时候，它不但自身不会被撞坏，而且会把撞它的车子吸住。

师：你看得真仔细，未来公交车不怕碰撞。

生：它能去各种各样的地方。

生：它不怕堵车。

师：你们真厉害，一下子发现了这么多神奇之处。

师：机器人管家为什么推荐我乘坐这种公交车呢？因为它不怕交通堵塞，不用担心聚会迟到。（出示：不怕交通堵塞）大家再看视频，重点关注它行驶在哪儿，是怎么通过的。（播放视频片段1）谁来说说视频中的内容？

生：高速公路上发生车祸了，许多车都堵在那儿。公交车把车身升高，直接过去，不怕堵塞。

师：高速公路、车祸、堵车，说得很准确。老师想问你，公交车是从哪里过去的？

生：从它的专用轨道上。

师：对。继续看视频，请大家注意公交车在哪里行驶，又是如何通过的。（播放视频片段2）

生：城市里，川流不息的街道上，未来公交车灵活地从其他车辆之间窄窄的缝隙里穿过。

师：太棒了！"川流不息""灵活地"这两个词用得真好，你把在哪里、怎样通过的都讲得清清楚楚。在高速公路上，它的轨道建在中间的隔离带上；在城市里，它的轨道就建在普通的路面上。轨道都很狭窄，占据的路面很狭小。这要归功于它那两条又细又结实的腿。（出示图片）下面我们结合这三幅图片，想想该如何向自己的爸爸妈妈说清楚公交车是怎样做到不怕交通堵塞的。大家注意用上中心句。

生：未来公交车不怕交通堵塞。因为它有两条又细又长的腿。在高速公路上，发生了交通事故，很多车堵在一起，不能通行。公交车把车身升高，通过窄窄的专用轨道轻松地从那些车头顶上跨过去。在车来车往的城市里，公交车灵活地从其他车辆之间的缝隙里穿过。遇到立交桥时，它的钢腿就自动缩短，确保车身平稳穿过。

师：你把三种情形都说到了，讲得清楚、准确。

师：左边两幅图片显示的是公交车遭遇碰撞时的情景。它会——

生：弹出气囊。

师：从右边的四幅图片中，我们可以看到，它能去各种场所——

生：山区、沙漠、海滩和城市。

师：同学们选择其中的一个优点，结合图片向同桌介绍。说的同学要围绕一个优点讲清楚。听的同学，有不清楚的要向对方提问。

（学生同桌交流后，指名汇报。）

生：未来公交车能去各种场所。只要通过一条窄窄的轨道，它就能带我们去山谷、沙漠、海滩、城市。

师：如果能像《燕子》那样加上一些形容词就更好了。比如，幽静的山谷——

生：未来公交车能去各种场所。只要通过一条窄窄的轨道，它就能带我们去幽静的山谷、茫茫的沙漠、浪漫的海滩、繁华的城市……

师：句子变得优美了。

生：未来公交车不怕碰撞。当有车子撞上它的时候，它会马上停下，弹出棉花糖一样的防撞气囊，保护乘客安全。

师："棉花糖一样的防撞气囊"，这个比喻很好。

（出示）现在请同学们按照下面的格式把你最想告诉爸爸妈妈的一个优点写一写，时间8分钟。

未来公交车最大的优点是_____。_____。

师：谁第一个给大家展示一下自己的作品？

生：未来公交车最大的优点是能去各种场所。它有一条专门的轨道。行驶在那条窄窄的轨道上，它就能带我们去幽静的山谷、茫茫的沙漠、浪漫的海滩，还能在繁华的城市里自由自在地穿梭。啊，坐上它去旅游可惬意啦！

师："自由自在地穿梭"这个句子我喜欢。"它有一条专门的轨道。行驶在那条窄窄的轨道上"这两句稍显啰唆，老师建议你改成"只要有一条窄窄的专用轨道"。

生：未来公交车最大的优点是不怕碰撞。当有车子撞上它时，它会把那辆车子吸住，防止二次事故，并立刻吐出吸能气囊，将撞击力全部化解，车内乘客毫发无损。

师："防止二次事故""吐出"，描述简洁生动。

生：未来公交车最大的优点是不怕交通堵塞。它的两条腿又细又长，而且伸缩自如，节省空间。在高速公路上行驶时，它可以把车身升高，从专用轨道上轻松地通过。在拥挤的城市道路上行驶时，它只要利用车辆之间窄窄的缝隙就可以。当遇到立交桥的时候，它车身下降，从桥下平稳地穿过。

师：太棒了！清楚明白，用词准确。

评析：描述未来公交车独特而先进的功能，对于三年级学生而言，颇具挑战性。微视频多式播放，截图适时呈现，静态和动态相结合，先说后写，由概括到具体，辅之以同伴的追问、老师的点拨。这样的教学有支架，有梯度，重实践，少说教，学生言语品质的提升水到渠成。

## 板块四 基于现实，大胆畅想

师：视频里的未来公交车的优点对应的正是现在的公交车的缺点。请同学们思考现在的公交车还有哪些缺点，你希望未来公交车有哪些优点？

生：现在的公交车会造成环境污染，所以我希望未来的公交车使用太阳能。

师：想法不错。那下雨天怎么办呢？

生：它只需要晒一天的太阳就可以用很久，不用担心阴雨天。

师：哦，消耗的能量很少。

生：我想制造一种无人驾驶的公交车。因为人控制汽车容易出问题，精神不集中或者喝酒都会造成车祸，用电脑控制就不会出现这样的问题了。

师：大家说得很好。像这样找出缺点加以改进是重要的创新方法——缺点列举法。（板书：寻找缺点巧改进）

师：（出示）大家觉得这些想象合理吗？

> 当你饿了，公交车就能变成厨师机器人烧饭给你吃。
> 公交车可以变成机器人，帮妈妈拖地、洗衣，让妈妈好好休息。
> ……

生（齐声）：不合理。

师：为什么呢？

生：因为我们不需要公交车烧饭、拖地、洗衣。

生：什么都能干，公交车就变成万能机器了！

师：对，功能多样化是发明创造的一种追求，但是多功能不代表无所不能。所以，基于现有事物的缺点加以改进，根据人们的需要创造出新的事物，才是合理的。（出示教材习作要求）

师：语文园地六的习作要求告诉我们衣食住行等各个方面都是我们驰骋想象的空间。我们可以运用刚才学到的方法大胆畅想。

> 评析：写"未来公交"，学习作之法；展想象之翼，写未来之物。受课堂时空和学情基础所限，习作教学只能小步慢走，稳扎稳打。虽然本课没有安排学生写其他未来之物，但这个环节的教学为之奠定了基础。表达方法、创意思维，一体双翼，后续跟进，自然能由"个"到"类"，由"此"即"彼"，举一反三。

## 板块五　勾连整合，学习谋篇

师：（出示）老师这里有一篇范文，不过，中间四个自然段只有开头，其他内容都弄丢了。看看谁最聪明，能从中看出它有哪些地方值得我们学习。

> **未来的公交车**
> "现在时间，早上七点整。主人，别忘了，您今天要去学校参加聚会哦！"机器人管家提醒我道。他们的邀请我怎么会忘记？30年前的那班学生啊，如今可都大有成就呢！真想早点见到他们。"主人，综合今天早晨的交通状况，建议您乘坐公交车去！"我毫不犹豫地采纳了机器人管家的建议，出门坐上公交车出发了。
> 　现在的公交车外形很奇特……
> 　公交车最大的优点就是不怕交通堵塞……
> 　公交车不怕碰撞……
> 　公交车能去各种场所……
> 　除此之外，它还有载客量大、速度快等优点。"现在的公交车真好啊！"我刚发出这声感叹，邻座的人就说："还有许多新功能即将投入使用呢！"会有哪些新功能呢？真是太令人期待了！

生：第 2 ~ 5 自然段第一个句子都是段落的中心句。

生：这几个自然段都是围绕中心句来写特点，看上去一目了然。

生：可以假设自己在未来，坐在公交车上。

生：先介绍外形特点，再介绍它的先进功能。介绍功能的时候，先说最大的优点。

师：大家都有一双慧眼！我们写作时可以参考这个框架，也可以自由发挥，尽情展示自己的才华。

评析：范文为布局谋篇提供借鉴，并且再次回扣、强化"围绕中心句把事物特点写清楚"的表达范式。巧妙的留白，老师的结语，又给学生自由表达留下足够的空间。

## 板块六　全课总结，拓展迁移

师：这节课，你都有哪些收获？

生：今天我学到了一种想象未来事物的方法，那就是选择自己最感兴趣的一种事物，看看它有什么缺点，加以改进，创造出一种全新的事物。

生：我学会了向别人介绍未来事物的一些方法，那就是从外形到独特功能；围绕中心句把特点写清楚。

师：总结得非常到位！课后，请大家运用今天学到的方法完成习作。（出示）

作业（二选一）：

（1）完成习作《未来的公交车》。（视频中的或者你想象中的）

（2）写写你感兴趣的其他未来事物。

总评：

《未来的……》属于科学想象作文，具体内容是想象未来的一件事物，写清楚其外形和独特功能。本节课在"教什么"和"怎么教"两个方面做得很出色，主要得益于如下三个方面：

一是目标设定精准。习作指导课，大到篇章架构，小到词句斟酌，可教的习作知识实在太多。想象作文，离不开创造性思维；三年级尚处在习作起步阶段，有序表达显得尤为重要。基于学情需要和课标要求，老师把教学的核心目标锁定在"围绕中心句把事物特点写清楚"和"学用缺点列举法畅想未来事物"两个方面，精准聚焦，靶向发力。

二是内容取舍得当。从写作题材看，本课可教写的内容也很多：视频中的公交车、自己想象中的公交车、未来的其他事物等。但"贪多嚼不烂"，刘老师立足用好视频资源，把教学的重点定位于"观察、描写视频中的公交车，学习有序表达"，再适度拓展，提炼出具有普适性的创意方法，扎实训练、步步为营。作业设计体现出一定的自主性和层次性。这样的选择对于三年级学生和40分钟的教时而言，是适切的、务实的。

三是媒介运用巧妙。教写想象作文，激发兴趣，激活思维，这些往往比技法指导更重要。这节课最成功之处在于《未来公交车》微视频的引入。这段科技微视频给人以极强的视觉震撼，令人脑洞大开。微视频与截图、文本等媒介的穿插运用，直观呈现，巧搭支架，习作难点得以各个击破，学生的口头描述、书面表达和自由畅想都显得兴味盎然，创意无限。

（本课执教人：刘雅娟）

# 一波三折编童话

## ——四上《学编童话》教学实录与评析

### 板块一　概述猜测，激发观影期待

师：同学们，请看大屏幕，有两个可爱的小家伙来到了我们的课堂上，它们是谁？

生：小猫麦洛和小狗奥帝斯。

师：来，跟它们打个招呼吧。（师生一起对着图片打招呼）麦洛和奥帝斯是一对好朋友，它们之间发生过许多有趣而感人的故事呢！例如——（出示图片）请认真观察这三幅图片，联系起来想一想，发生了什么？结果怎样？

生：麦洛掉进一个深坑里，奥帝斯设法把他救了上来。

师：是的，你看得仔细，说得清楚。大家想一想，奥帝斯是怎么把麦洛救上来的？

生：奥帝斯找来一根绳子，把他拉上来。

生：奥帝斯小心地把很多石块扔进坑里，让麦洛踩着石块爬上来。

师：类似于"乌鸦喝水"，可是操作起来有危险。

生：奥帝斯找来一根长长的藤蔓，让麦洛抓住藤蔓的一头，拉他上来。

师：好，联系实际，就地取材。

生：奥帝斯先往洞里扔一块木板，让麦洛站在上面，然后向洞里灌水，让麦洛浮上来。

师：你考虑问题很周全。

## 板块二　尝试描述，得出创编范式

师：真相究竟如何呢？请看大屏幕。注意观察麦洛和奥帝斯的动作，看完后用一段完整的话说说奥帝斯是怎么做的，麦洛是怎样拼命往上爬的。（播放视频一）

生：麦洛正在坑里焦急地等着，奥帝斯来救他了，它找来一根树枝，把树枝扔到洞里，叫麦洛顺着树枝爬上来。

师：麦洛爬上来了吗？

生：没有。树枝太短了！

师：是的，把施救结果说出来，才算完整。

生：麦洛正在坑里焦急地呼救，它的好朋友奥帝斯听到了，衔来一根树枝，用力地扔到坑里，叫麦洛顺着树枝爬上来。麦洛紧紧地抓住树枝，一步一步地向上爬，费了好大的劲爬到了树枝顶端。可是树枝太短了，麦洛无可奈何地滑落下去，沮丧地望着奥帝斯。

师：你观察得真仔细！那么，奥帝斯是怎么弄到这根树枝的？

生：奥帝斯一溜烟跑进树林，从树上使劲咬下一根树枝，叼在嘴里，跑回坑边，扔了下去。

师："跑、咬、叼、扔"这些词让人看到了一个救友心切的奥帝斯。实际上，在奥帝斯到来之前，麦洛也曾尝试过自救。老师把这段故事写出来了，我们一起来看看。

"喵！喵！救命啊！救命！"麦洛在里面焦急地转来转去。它仔细打量着周围，陷阱很深，四壁光滑。这可怎么办呢？麦洛心想，我可以跳出去吗？

麦洛站起来，缩回前腿，弓起身子，纵身一跃……可是洞壁太高太滑了，"嗖"的一下，它跌落下来，怔怔地望着洞口。

（师读完后，学生鼓掌。）

师：谢谢同学们的掌声。你们觉得老师哪些地方写得好，为什么？

生：您写出了麦洛自救的动作。

生：您用了"站、缩、弓、跃"这些动词，让我看到了麦洛想要努力跳出来。

生：我从"转来转去"体会到它很焦急。

师：你有一双慧眼！

生：老师写出了麦洛当时的心理活动，它在想这可怎么办呢？我可以跳出去吗？

师：动作和心理活动的描写是亮点。那么，老师又是按怎样的顺序来写的呢？

生：老师先写麦洛打量着周围，在想出去的办法（师板书：寻找方法）；接着写麦洛是怎样试着跳出去的（师板书：努力尝试）；最后写麦洛失败了（师板书：尝试结果）。

师：你真善于总结。我就是按照"寻找方法—努力尝试—尝试结果"这样的顺序来创编情节的。

### 板块三　想象创编，赏评故事片段

师：麦洛自救，失败了；奥帝斯用树枝救他，也失败了。同学们，你觉得奥帝斯会就此罢休吗？

生：不会！

师：为什么？

生：它的好朋友还在坑里呢！它一定不会见死不救的。

师：是的，麦洛还在陷阱里焦急地等着它。故事还在继续——（依次出示四幅截图）看，奥帝斯来了，它叫道"别担心，我还有个主意。"它又想出了什么主意呢？它叼着什么跑来了？瞧！麦洛正紧紧咬住绳子的一端……哈哈，奥帝斯正大叫："我们成功了！"

师：（定格四幅截图）请同学们注意观察图片，大胆想象，当一回电影编剧，用上"寻找方法—努力尝试—尝试失败"这样的段式来写出这次施救的过程。创编时间，10分钟。

（学生创编故事，教师巡视指导，完成后投影展评。）

习作一：

生：奥帝斯飞快地跑到草坪上，找来一根细绳，叼着它跑回洞口，对着麦洛叫道："抓住它，我拉你上来。"

师：绳子是怎么被奥帝斯放下去的？

生：甩下去的。

师："甩"字用得好！加上去。

生：奥帝斯飞快地跑到草坪上，找来一根细绳，叼着它跑回洞口。奥帝斯使劲一甩，绳子的一头落在麦洛的面前。奥帝斯大叫："抓住它，我拉你上来。"麦洛见救命稻草来了，立刻抓住绳子往上爬。奥帝斯在洞口拉呀拉……

师：奥帝斯怎么拉？

生：奥帝斯在上面用牙齿紧紧咬住绳子，四脚蹬地，一步一步往后退。就这样，爬呀爬，拉呀拉，终于，麦洛从洞里爬了上来……它们又一起开心地玩起来了。

师：从寻找办法到努力尝试，最后救助成功，你的故事很完整，很有画面感。

习作二：

生："别担心。"奥帝斯叫道，"我还有一个主意。"说着，他像离弦的箭一般跑走了。

师：它去干嘛了？

生：去找藤条。

师：为什么不写出来？

生：留点悬念，待会再告诉你。

师：好个"设置悬念"，你真是个讲故事的高手。看来，奥帝斯此刻已经打定了主意。请继续。

生：麦洛张望着洞口，心想：奥帝斯又会想出什么办法来呢？不一会儿，奥帝斯就嘴衔一根长长的藤条跑回来了。它用力地把藤条的一头甩下坑去，再用嘴咬住藤条的另一端。麦洛看见了希望的光芒，立刻用前足拉住藤条，两只后足踏着旁边的土墙，努力地向上爬着。"加油！加油！麦洛，努力爬呀！"奥帝斯一边咬紧牙关往后拉，一边暗暗地替麦洛鼓劲。

师：它俩都在努力着。

生：时间仿佛过了五千年，（掌声）麦洛终于爬上来了。虽然很累，但是它们的脸上都洋溢着快乐的笑容。

师：漫长的五千年啊！麦洛终于脱险了！你编的故事情节完整，生动有趣。我们来看看电影里的情节——其实呀，故事是这样的……（播放视频二）

## 板块四　梳理故事，探究情节秘妙

师：看完了视频，让你意想不到的是什么？

生：就在快要成功时，奥帝斯兴奋得大喊大叫，没想到它一张嘴，绳子一松，麦洛又掉下去了，功亏一篑。不过后来再试一次，终于成功了。

师：这样安排，有什么好处？

生：看到这里，我的心一下子揪了起来。

生：我的心就像坐过山车一样，生怕麦洛不能脱险。

师：好在过程曲折，结局圆满。讲故事来点小波折，更能吸引眼球。同学们，我们来回顾一下，麦洛脱险一共经历了几次失败？（出示视频截图）

生：三次。第一次，自救失败；第二次，奥帝斯找的树枝太短了，它没有爬出来；第三次，奥帝斯不小心张开了咬着绳子的嘴，又失败了。

（师生合作张贴图，完成折线图。）

师：同学们，这起起伏伏的折线像什么？

生：波浪。

师：是的，剧情并没有像我们一开始想的那样，奥帝斯一下子就救出了麦洛，而是经历了很多曲折，这就是创编故事的一种技巧——一波三折（板书：一波三折）。我们正是在在起起伏伏、波波折折的情节中，看到了当麦洛身处险境时，奥帝斯不离不弃，积极施救，见证了它们真挚的友情。（板书：见真情）

师：孩子们，不仅电影情节是这样的，我们的课本中的故事也是这样的。比如，我们刚刚学的几篇童话故事。（出示表格，师生口述完成填充）

| 课　题 | 第一次曲折 | 第二次曲折 | 第三次曲折 | 秘　妙 |
|---|---|---|---|---|
| 《巨人的花园》 | 赶走孩子，砌起围墙，孤独度冬 | 训斥孩子，鲜花凋谢，树叶飘落 | 斥责孩子，男孩启发，拆掉围墙 | 一波三折 |
| 《去年的树》 | 询问树根 | 向门先生打听 | 向小姑娘打听 | |
| 《小木偶的故事》 | 被熊警官误解 | 被小兔子误解 | 被老婆婆误解 | |

师：是的，讲故事如果平铺直叙，见首知尾，就会让人觉得索然无味；只有情节曲折、跌宕起伏的作品，才能引人入胜、扣人心弦，令人爱不释手。这就是创编故事的秘妙。

## 板块五　升华主题，体会友谊真谛

师：来，我们一起来看看这个完整的故事。（播放完整视频）

（看至麦洛成功脱险处，学生欢呼、鼓掌。）

师：同学们，你们的欢呼声和掌声让我觉得心里暖暖的，因为你们都是有爱的孩子。如果让你给今天这个故事取个名字，你会取什么？

生：奥帝斯救麦洛。

生：奥帝斯和麦洛的故事。

生：真挚的友情。

……

师：同学们，这个故事来自一部感人的电影《麦洛和奥帝斯历险记》，今天我们看到的只是电影中的一个片段。（出示海报）看，这是这部电影的海报：片名——《麦洛和奥帝斯历险记》；内容简介——"麦洛是一只幸运猫，它有九条命和一个最好的朋友"。你们觉得麦洛最大的幸运是什么？

生：他拥有奥帝斯这样一个好朋友！

师：对。和我们一样，许多人在看完这部电影后，被他们真诚的友谊感动了，在网络上发表了影评。（指名读）

---

　　◆麦洛很幸运，拥有奥帝斯这么个好朋友，一路跟随，不离不弃，奋不顾身地与黑熊打斗，赶走乌鸦，咬着绳子拉它爬出深洞……这样深厚的友谊着实让人感动。

　　◆阿猫的缤纷冒险记，剧情跌宕起伏，表演纯天然，温暖而又美好。

　　◆相比人类——遇到困阻时，是否也能无私互助，值得深思。

---

师：课后，请把这段微视频创编成一篇完整的故事，并观看电影《麦洛与奥帝斯历险记》（又名《子猫物语》）或者《灵犬莱西》。相信大家会对"一波三折编故事"有更深刻的认识，会对动物与动物、动物与人之间的真挚感情有更深切的体验。你还可以大胆想象，用上"一波三折"的方法来创编一篇属于自己的童话哦！

评析：

看到一段"霸屏"微信朋友圈而又有情有趣有波折的微视频，追溯它的"前世今生"，精心处理、巧妙整合之后将其引入习作课堂，立刻让人倍感惊艳。本课聚焦"一波三折编故事"的核心目标，创设了融情趣与理趣为一体的读写情境，契合现代认知方式，有效激活了学生的言语才情。

亮点一，图影素材合理运用。本课教学巧妙地将截图与微视频进行穿插呈现，动静结合。四次截图分别是引出主要人物、梳理故事概况、提示施救过程、再现失败经历。较之动态呈现、影音兼备的视频，静态的截图不仅系统地呈现主要内容，其间的"留白"更能给学生以想象的空间，为后续的故事创编带来无限的可能。微视频的作用则是给学生提供了口头复述的凭借、想象创编过后的验证、完整曲折情节的体验。两者交替使用，相得益彰。

亮点二，文本资源适时介入。图影素材属于非文本信息，形象直观，但进入语言符号系统才是读写教学的根本旨归。这节课的文本资源介入有三次：第一次是教师下水文片段的示范，第二次是微视频故事情节折线图的绘制和教材课文情节特点的填表梳理，第三次是网络影评的阅读。第一次指向"写"，旨在解构完整叙事的范式，并渗透细节描写；第二次指向"读"，利用非连续文本破译"一波三折"的叙事秘妙，为学生架构情节，创编童话提供示范；第三次指向"评"，拓展思辨的视域，升华对影片主题的认知。三次介入，次第打开学生的创写视野和精神世界。

亮点三，言语实践拾级而上。在多种读写媒介的穿插引导下，老师带领学生当堂概述故事、口头复述、想象创编，并在课后编写完整故事。从一句话到一段话，再到成篇习作；从口头表达到书面表达；从关注细节到语段范式，再到布局谋篇……这样的言语实践活动有情趣，有层次，有梯度，有生长。

（本课执教人：程金霞）

# 聚焦难点，应需而教

## ——五上《介绍一种事物》课堂实录与点评

### 板块一 复习导入，揭示课题

师：本单元我们学了两篇说明文，分别是——

生：《太阳》《松鼠》。

师：每篇课文都采用不同的说明方法向我们介绍了一种事物，这节课我们也来学习如何介绍一种事物。（板书：介绍一种事物）

> 评析：开门见山，单刀直入，不蔓不枝。

## 板块二　拓展思维，确立框架

师：事物包罗万象，如果要你选择一种你熟悉的事物介绍给大家，你打算介绍什么？

生1：打算介绍可爱的小狗。

生2：介绍熊猫和涮羊肉的过程。

生3：我想介绍糖葫芦的制作。

师：除了同学们刚才说到的动物、美食，课本上还给我们提供了更多的选择。观察这个表格，左边第一列是提示，右边三列是题目。从提示中可以了解到，除了刚才同学们说到的动物、美食，还可以介绍哪些类别的事物呢？

| 与动物有关 | 恐龙 | 袋鼠的自述 | 动物的尾巴 |
|---|---|---|---|
| 与植物有关 | 菊花 | 热带植物大观园 | 种子的旅行 |
| 与物品有关 | 灯 | 扫地机器人 | 溜溜球的玩法 |
| 与美食有关 | 涮羊肉 | 怎样泡酸菜 | 我的美食地图 |
| 其他感兴趣的内容 | 火星的秘密 | 草原旅游指南 | 中国传统吉祥物 |

生：植物、物品，还有其他感兴趣的内容。

师：再看右边的标题，介绍哪种事物就可以直接以事物名称来命题，如——

生：《恐龙》《菊花》《灯》。

师：还可以介绍一种事物的制作过程或使用方法，如——

生：《涮羊肉》《怎样泡酸菜》《溜溜球的玩法》。

师：甚至可以用事物的口吻来介绍自己，如——

生：《袋鼠的自述》《种子的旅行》。

师：看到这些有趣的题目，你打算给自己介绍的事物拟一个什么吸引人的标题呢？

生：《小狗的自述》。

师：用第一人称的口吻来介绍，老师相信这篇习作一定很有趣。

生：《神奇的恐龙》。

师：哇，好神秘，期待看到你的习作！

生:《中华传统美食糖葫芦》。

师:真让人垂涎欲滴了!确定了要介绍的事物,那你打算从哪些方面来介绍呢?我们一起来看看两篇习作例文能给我们什么启示。《鲸》向我们介绍了哪些有关鲸的知识?

生:《鲸》这篇课文是按照鲸的外形、进化、种类、繁殖、捕食、呼吸、睡觉、繁殖这几个方面来介绍的。

师:说得真准确,看来同学们预习十分充分。而《风向袋的制作》与《鲸》的写法完全不同,你发现了吗?

生:发现了。

师:《风向袋的制作》他是按照什么方式来介绍的?

生:分步骤。

师:分为哪几步呢?

生:第一步,准备材料;第二步,穿绳打结;第三步,缝制口袋;第四步,绑上竹竿。

师:你说得真清楚!从这两幅框架图中,我们可以看出第一篇例文是从不同方面来介绍事物的特点,第二篇例文则是分步介绍事物的制作过程。(板书:介绍特点或制作步骤)那么,你们刚才选定的事物适合哪一种方式来介绍呢?请同学们拿出学习单,选择一个合适的框架图来完成自己的习作框架。(出示提示)注意介绍几个方面就填几个圆圈,有几个步骤就写几个方框,不需要面面俱到,语言尽量简明扼要。

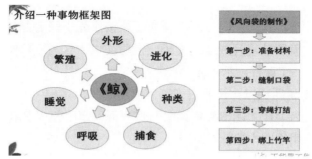

(学生填写框架图,时间约为 3 分钟。)

师:请你来展示,你选择的是哪一种框架图?

生:第二种。

师:你介绍的是什么?

生:红烧肉的制作方法。

师：请说说你是按什么步骤来介绍的。

生：第一步准备食材，第二步架锅翻炒，第三步加入调料，第四步品尝食品。

师：把你说的和你写的对比，你发现你写的过程中少了什么？哪几个字？（学生答不出来）谁来帮帮她？

生：少写了第一步、第二步、第三步，第四步。

师：他少写了序列词是吗？要是你能在写作的过程中把序列词加上，老师相信你的步骤更加清楚明了。

师：请你展示，你选择的是哪一个框架图？

生：第一个框架图。

师：你介绍的是？

生：我介绍的是我们的国宝大熊猫。

师：你又是从哪些方面来介绍的？

生：我是从熊猫的外形、进食、进化，以及它的性格和它在我们心中的地位来介绍的。

> 评析：从审题开始，充分利用教材图标提示，拓展习作思路，适时引入习作例文，选择合适的说明框架，实则是在布局谋篇。

## 板块三　例文引路，尝试表达

师：介绍什么，是从不同方面来介绍还是按照分步骤的方式来介绍都已明确了，下面我们就要动笔写成说明文了。说明文以什么为成功？叶圣陶爷爷说过这样一句话——（课件出示单元导读页）

生：（齐读）说明文以"说明白了"为成功。

师：你们认为怎样才能把事物说明白呢？可以运用什么方法？

生：可以运用说明方法。

师：那你积累了哪些说明方法，能告诉大家吗？

生：打比方、列数字、举例子、作比较。

师：一口气说了四个，可真不简单！把掌声送给他。运用说明方法，可以把事物介绍得更加清楚明白，让别人更加了解你要介绍的事物，并对它产生兴趣。（板书：选用合适的说明方法）那下面我们就选择一项大家熟悉的事物来试着写一写。看，老师带来了什么？

生：西红柿。

师：西红柿可以从哪些方面来介绍？

生 1：外形。

生 2：营养价值、种类。

生 3：吃法。

师：还有它的生长过程、栽种历史……这么多方面，我们在写的时候不需要面面俱到，选择其中你最熟悉的几个方面来介绍就可以了。比如外形，谁来试着介绍一下？

生：它又圆又红，像一个红色的圆球。

师：谁来评价一下她介绍的怎么样？清楚吗？

生：我认为她介绍得不怎么清楚。

师：那你能帮助她介绍得更清楚一点吗？

生：可以加上一些修辞手法——西红柿是红色的，色泽鲜艳，呈扁球形，就像一个圆圆的球。

师：你用了一个什么修辞手法？

生：比喻。

师：在说明文里，叫什么方法？

生：打比方。

师：介绍了它的外形，那你们知道它的营养价值吗？

生：知道一点。

师：如何更全面地了解它的营养价值？

生：可以从网上查到。

师：是啊，我们可以通过查找资料来更准确、更全面地了解它、介绍它。（板书：搜集运用相关资料）老师帮你们收集了三条资料，谁来读一读？（生读资料）

师：从这段资料里面，你了解到了什么？

生：西红柿的营养价值非常高。

师：营养丰富，哪一种元素含量特别高啊？

生：维生素C。

师：现在你能利用这段资料把西红柿的营养价值介绍得更加明白吗？用上说明方法，谁敢试一试？好，你来。

生：西红柿营养非常丰富，含有钙、铁、锌、维生素C、维生素B、蛋白质等，尤其含有丰富的维生素C，每百克西红柿中含维生素C11毫克，将近是苹果的3倍。食用西红柿可以提高免疫力，促进生长发育。

师：谁评价一下，他介绍清楚了吗？

生：他介绍得很全面，很明了。

师：那你说说他运用了什么说明方法？

生：运用了列数字和作比较的说明方法。

师：把谁跟谁作比较？

生：把西红柿的维生素含量和苹果作比较。

师：作比较让我们了解到西红柿里含的维生素C非常高，我们平时要多食用西红柿。西红柿不但营养价值高，而且吃法特别多，可以当水果生吃，还可以做成多种菜肴放到餐桌上来享用，特别美味。比如——（出示西红柿炒鸡蛋的图片）

生：西红柿炒鸡蛋。

师：吃过吗？

生：吃过。

师：那你们了解它的制作过程吗？

（部分学生点头：了解。）

师：也有人不了解，不要紧，我们来看一段视频。

（观看西红柿炒鸡蛋的制作视频。）

师：谁来说一说它的制作步骤？

生：第一步，准备食材；第二步，把西红柿切成小块……

师：哦，也是在准备食材。请用简短的语言来概括第二步。

生：第二步起锅烧油。

师：起锅烧油为什么做准备？

生：为炒鸡蛋做准备。

师：非常好，第二步炒鸡蛋。

生：第三步炒西红柿，最后倒入鸡蛋一起翻炒。

师：这样一道好吃又好看的西红柿炒鸡蛋就做好了。现在请同学们拿出学习单，选择外形、吃法、营养价值其中的一个方面来写一写，注意用上合适说明方法，时间为8分钟。

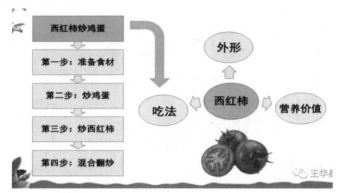

（生自由写作8分钟。）

师：时间到，请同学们停笔，没写完的也没关系，课下继续补充。我们一起来欣赏这位同学的习作。他介绍的是西红柿的外形，请你读一读自己的习作。

生1：西红柿又圆又红，比红富士苹果更加艳丽。它就像一个红红的小灯笼，又像小姑娘红红的脸蛋，上面还缀着一个五角星形的绿蒂，可好看了。

师：他写得好吗？

生2：好！

师：我也认为他写得不错，那请你说说好在哪里？

生2：他运用了两种说明方法：一种是打比方，一种是作比较。把西红柿比作小灯笼和小女孩的脸蛋，还把西红柿和苹果放在一起作比较，体现了西红柿的颜色艳、外形美。

师：你运用打比方和作比较的说明方法，突出了西红柿什么样的外形特点？

生1：又圆又红。

师：写得非常好，把西红柿奖励给你！

师：刚才老师观察到同学们有的写了西红柿的外形，有的写了西红柿的营养价值，还有的写了把它做成菜肴的过程。老师把这几个片段也写出来了，请看——（课件依次呈现1～3自然段）其实我们把这几个片段组合在一起，添一个结尾（课件出示第4自然段），再加上一个合适的标题（课件出示标题），一篇完整的说明文就写成了。

西红柿

（1）西红柿也叫番茄，它的形状是圆形的，跟苹果大小差不多。挂在树上。西红柿的颜色很多，有红色的，黄色的，没成熟时是绿色的。成熟的西红柿仿佛一个个红色小灯笼。

（2）西红柿营养价值很高。西红柿里面富含多种营养元素，如钙、铁、锌、维生素C、蛋白质等。每百克西红柿含11毫克维生素C，是苹果的2.5倍。多吃西红柿可提高免疫力，促进生长发育。

（3）西红柿炒鸡蛋是西红柿的吃法之一，其制作过程分为以下几个步骤：第一步，准备食材。准备切好的西红柿和打散的鸡蛋。第二步，炒鸡蛋。先把锅烧热，加入少许食用油，烧至油微微冒烟的时候倒入蛋液，炒至表皮微黄，盛出备用。第三步，炒西红柿。锅中再加入少许食用油，倒入切好的西红柿翻炒均匀，将西红柿炒出汁，加入适量的食用盐。第四步，混合翻炒。将鸡蛋放入锅中，让鸡蛋吸收西红柿的汤汁。最后撒上小葱花，一道好看又好吃的家常菜西红柿炒鸡蛋就做好了。

（4）西红柿被称为神奇的菜中之果，你喜欢吗？

评析：说明方法的运用重在言语实践。教师以西红柿为例，引入实物、图片、微视频，以及网络资料，为学生的说明实践提供了素材，提供了方法。两种习作思路巧妙兼容，教得扎实有效。

## 板块四　全课小结，布置作业

师：课后请同学们根据自己在学习单上写好的框架图，抓住事物的主要特点，运用恰当的说明方法，还可以借助资料，写成一篇完整的习作。写好后读给爸爸妈妈听一听，再对照评价表自我评价。下节课我们再集体评价。

"介绍一种事物"习作评价表

| 评价要求 | 自我评价 | 同学评价 |
|---|---|---|
| 1. 写清楚事物的主要特点 | | |
| 2. 用上了恰当的说明方法 | | |
| 3. 分段介绍了事物的不同方面 | | |

（优秀：☆☆☆☆☆　良好：☆☆☆☆　一般：☆☆☆）

评价：习作指导"举一"是为了"反三"，有了本节课的作前指导和课上的习作实践，学生介绍自己熟悉的事物自然是有法可依了。评价表的先行介入更让学生习作有了明确的方向。

板书设计：

介绍一种事物

介绍特点或制作步骤

选用合适的说明方法

搜集并运用相关资料

（本课执教人：黄敏玲）

# 巧立意精选材，凸显人物个性

## ——五下习作《形形色色的人》课堂实录与评析

### 板块一　游戏导入，揭示课题

师：同学们喜不喜欢读名著？

生：喜欢。

师：是的，名著中有很多人物都给我们留下了深刻的印象。我们来做个小游戏——看人物说特点，用一两个词就行。

（出示武松打虎图片。）

生：这是《水浒传》里的武松，他嫉恶如仇、恩怨分明。

生：他正义勇敢，一身虎胆。

生：他武艺高超。

（出示沙和尚挑担图片。）

生：这是《西游记》里的沙僧，他任劳任怨、默默无闻。

生：他憨厚、老实。

师：大家很会读书。老师这里还有两段文字，你觉得文中的人物有何特点？

（出示第一段。）

> 这女孩见了，一个箭步冲上去，大喝一声："不许欺负女生！"说着，一把揪住他的衣领，像拎小鸡一样，把他押回到座位。

生：这女孩勇敢、正义。

生：这女孩爱打抱不平，像个女侠。

（出示第二段。）

> 见我胜利在望，妈妈噘着嘴，撒起娇来："不玩了，不玩了，最后肯定是你赢！"哦，天哪，又这样，这到底谁是谁的女儿呀？

生：顽童妈妈。

生：童心未泯的妈妈。

师：看，这些个性鲜明的人物是不是很有趣？我们的生活中同样有许许多多个性鲜明的人。今天，就让我们来说说我们身边这些可爱的人。

（板书课题：形形色色的人，生齐读。）

评析：看图文，说人物特点，既轻松有趣，又极富语文味儿，更能迅速切入习作的话题与教学的重点。这样的开课引人入胜，直接高效。

## 板块二　启思引路，立意选材

师：我们每天会接触很多人，有熟悉的，有陌生的。在这些人中，谁会给你留下深刻的印象呢？请拿出预习单，交流一下你记录的是身边的哪个人？他们又有哪些特点？

生：我记录的是舒小峰同学，他对人特别温和，乐于助人。

师：你关注的是他的性格。我想做个小调查，请其他同学说说舒小峰同学给你印象最深的特点是什么？

生：皮肤黝黑。

生：舒小峰同学体育特别棒，是我们班的体育委员。

师：面对同一个同学，不同的人关注到的可能是他不同的特点。

生：我记录的是齐觊同学，（不好意思地笑）他个子虽然矮但嗓门特别大。

师：你关注的是他的身高和嗓门。请同桌说说齐觊同学给你印象最深的特点是什么？

生：齐觊学习特别优秀，门门功课都好。

师：真好！

生：我记录的是妈妈，她特别爱唠叨。

师：想一想，你妈妈还有什么特点？

生：她爱美，爱逛街。她还心灵手巧，会做糕点。

（出示。）

师：我的一位叔叔，他最大的特点就是记忆力超群，翻到课本82页。你看，我关注到他的是记忆力，没有选择他勤劳、善良、助人为乐这样一些特点，这就让人耳目一新。哪位同学说说你对"超群"的理解？

生：超群是指比一般人都强。

师：这里有关于他的四件事（出示），仔细阅读。如果让你来选突出他记忆力强的事例，你会选其中哪几件？能说说理由吗？

生：事例1和事例4最能表现"叔叔记忆力超群"的特点，因为读完故事书就能把所有的细节都记住，只看一遍地图就能一点儿不差地画下来，是绝大多数人做不到的。

师：这样突出特点的事例就叫典型事例，别人做不到的我做得到，这就叫（板书：人无我有）。还有一种事例也算典型事例，别人做得到的，我比别人更——（板书：人有我……）

生：人有我强。

生：人有我精。

生：人有我优。

师：大家说得都非常准确。那为什么不选事例2和事例3？

生：能记住昨天的一句话，能记住别人的生日，这是大多数人都能做到的，是很平常的。不足以说明叔叔记忆力超群，所以要去掉。

师：选材时，对于那些说服力不足的事例要果断去掉。下面，请在学习单上给你记录的人物选一个最突出的特点，再找出两个典型事例加以证明。事例请用一句话简单概括，写完举手示意。

（全班交流。）

生：我班潘奕瑶同学特别热爱手绘连环画，她的作品深受大家的喜欢。每个星期都追着她更新。

师：潘奕瑶同学真是多才多艺，下次更新作品可要邀请我一起欣赏哦！

生：我奶奶快70岁了，可是接受新生事物特别快。小姨给奶奶买了一部智能手机，她爱不释手，过几天就玩得挺溜。这不，发朋友圈、刷抖音样样在行。

师：真是一位有活力的奶奶。

……

> 评析：抓特点，特点要独特；选事例，事例要典型。这个板块的教学运用了预习单、思维导图和教材练习，这些支架的辅助作用为学生自主立意、选材树立了榜样。

## 板块三　视频引路，学习描写

师：在这个多姿多彩的世界中，给老师留下深刻印象的是谁呢？他又有什么特点呢？想知道吗？下面我们来看一段视频，要求仔细观察，看看视频中展示的是她什么特点？

（播放视频。）

生：视频中的人物是我们班的同学王文秀，展示的是她会模仿的特点。

师：王文秀同学书法好，经常参加书法比赛获奖；她还会弹琴，会写作……这些都给我留下深刻的印象。但是，视频中这一幕所展现的才是王文秀同学身上最吸引我的特点，是什么？

生：善于模仿！

师：那次口语交际课上的模仿秀让我心头一动，因此我从身边形形色色的人中选中王文秀，选择她善于模仿的特点，选取她模仿吕老师这个典型事例，把它写下来。下面想请大家给我当当参谋，看我的这个片段写得怎么样？为了让你的参谋更有价值，我们再来看一遍视频，要求仔细观看，同时思考可以运用哪些描写方法来突出她爱模仿、会模仿的特点？

（二次播放视频。）

师：（出示）这是我写的片段，请大家仔细阅读，提出意见和建议。

> **我们班的"模仿秀"（片段）**
>
> 　　这天，我们一起玩。王文秀说："嗨，你知道我们班主任吕老师有什么特点吗？""不知道。"我们都摇摇头。她说："要帅！吕老师头上本来就只有三根毛，还——"只见她学着吕老师理理头发，拍拍衣服，走了过来。

生：这个片段写得不生动，不具体。

师：你是我真正的朋友，真正的朋友敢于说真话。

（生笑。）

师：我们回顾一下本单元课文运用的人物描写方法（教师相机板书）。请各位高参畅所欲言，怎样修改本片段。

生：可以加入神态描写，突出王文秀模仿时的神气，如"一脸神秘""自我陶醉"等。

生：动作描写更细致些，会让读者感受到王文秀同学的善于模仿。

生：人物语言放到前面，提示语放到后面。"未见其人，先闻其声"更吸引人。

师：你们真是优秀小作家，这么一说我茅塞顿开。

生：我认为，还可以运用侧面描写，写围观者的神态、语言来突出王文秀同学模仿得多么逼真。

师：你简直就是我的知音，都说到我的心坎里去了。侧面描写用得好会起到意想不到的效果。你们想到本单元的哪一课？

生：《刷子李》。

师：对，大作家冯骥才先生就很好地运用了侧面描写。这篇课文不仅有对刷子李的正面描写，展现了动作美、声音美、效果美，还通过什么来烘托他的技艺高超？

生：还通过对曹小三心理变化的描写从侧面突出刷子李刷墙技艺的娴熟精湛。

师：谢谢大家为我出谋划策，好文章是改出来的。我第一次写完后也对这个片段不满意，觉得没有写出王文秀模仿时给我的震撼。（出示片段评价表）

对照这个评价表，我只给自己打了一颗星。于是，我回顾课文中的一些精彩的写法，进行了修改。请各位参谋看看修改后的片段，有没有落实刚才你们提到的建议。

（出示。）

> **我们班的"模仿秀"（修改片段）**
> "嗨，告诉你们一个秘密！你知道我们班主任吕老师有什么特点吗？"王文秀神秘兮兮地说。"什么？什么？"我们不由得瞪大了眼睛。见我们一个个都好奇得不得了，她才满意地慢悠悠地说："要帅！头上本来就只有三根毛，还——"只见她学着吕老师半眯着眼睛自我陶醉的样子，把额头上的头发从左拂到右，潇洒地一甩头。掸了掸根本就没有灰的衣服，一摇一摆地像个骄傲的王子般走过来。
> "哈哈，你居然敢学吕老师……"看她模仿得活灵活现，同学们都哈哈大笑起来。我不禁想起了吕老师平时总是喜欢整理那为数不多的几缕头发，走路大摇大摆的样子，不由得从心底里佩服王文秀观察细致，模仿得惟妙惟肖。

师：评价一下，修改后的片段可以得几颗星？理由何在？

生：三颗星！第一段人物描写绘声绘色。

生：第二段属于侧面烘托，效果非常好。

师：谢谢大家的肯定！如果我要完成这篇习作，仅仅写这么一个片段行不行？

生：不行。

师：那你说说，怎样把它扩充成一篇完整的习作？

生：可以再选取一个她的模仿事例，运用恰当的描写方法写具体、写生动，加上开头、结尾，就完整了。

师：感谢你的宝贵建议！在我们周围这形形色色的人中，一定有一个你印象最深的人，这个人一定有一个最触动你心灵的特点，这个特点一定来自一件或者几件典型的事例。所以，写作文要求"我手写我心"，这样的文章就不会千篇一律，这样的文章才有真情实感，这样的文章才会让读者产生共鸣。

评析：把典型事例写具体，写生动，这对于五年学生而言，仍然不是一件容易做到的事儿。以拍摄的微视频来再现身边的人物，熟悉的画面为学生学习表达提供了凭借，激发了兴趣。让学生参与修改老师的下水文，拉近了师生的距离，营造了一种平等、和谐的习作氛围，学生参与表达的积极性自然高涨，思维瞬间被点燃。

## 板块四　习作实践，评价修改

师：下面，就请同学们，我手写我心，从身边形形色色的人中选出那个印象最深的人，那个最触动你心灵的特点，那个突出特点的典型事例，恰当地运用多种描写方法，写一个片段。

（出示片段评价表，学生习作后交流。）

师：下面是分享习作的时间。请大家朗读自己的作品，读之前，先不说人物特点，看大家能不能听出你写的是什么特点？然后开始互评，提出修改建议。

生：我的妹妹年龄小，个子小，胆子却很大。有一次去公园玩，她把秋千荡得老高，我都吓死了。妹妹一点都不怕。

师：自评几颗星？

生：（不好意思）一颗星。

师：他写的是妹妹什么特点？评价几颗星？有何建议？

生：他写的是妹妹胆大。我给他一颗星。我的建议是可以加入对妹妹的描写，妹妹既然不怕，那她当时的神态、动作、语言怎样呢？ 比如，双手握紧绳子，双脚往后一钩再往前一蹬，秋千飞起来了，越飞越高。"咯咯咯"银铃般的笑声随着秋千飘荡起来。

生：还可以侧面描写，写写旁观者的反应。

师：接受他的建议吗？（生点头）虚心接受别人正确的意见，这是会学习的表现，好好修改。

生：完了，完了！忘了准备酒杯道具，这下怎么办？今天是班级课本剧展演，我们组表演的是《草船借箭》。只见饰演诸葛亮的张一帆同学身穿飘逸长衫，右手轻摇鹅毛扇，气定神闲，运筹帷幄。"周瑜"狡黠一笑："先生预计几天造好？""诸葛亮"摸摸胡须，肯定地说："只要三天。""周瑜"面露喜色，跨前一步："军情紧急，可不能开玩笑。""诸葛亮"微微一笑："怎敢跟都督开玩笑？我愿意立下军令状。""好，好，好！"周瑜大喜，"上酒！"此时，"诸葛亮"才意识到只有酒壶没有酒杯。这时，场下的观众们也发现这个问题，窃窃私语："没有酒杯怎么往下演啊？""怎么办？这一时哪去找酒杯？"

"客气，客气。"张一帆一边应付着场面，一边滴溜溜地到处张望。忽然，他急走两步，来到卫生角拿起洒水的脸盆。"干！"说着，端起脸盆一饮而尽。"哈哈哈——"同学们笑得前俯后仰，这儒雅的孔明简直穿越成豪迈张飞了，但同学们内心里不得不佩服张一帆的随机应变。

（大家掌声。）

师：评价几颗星？哪些地方写得好？

生：这表演场景写得活灵活现，三颗星。尤其心理描写运用好，从侧面突出张一帆同学随机应变。

生：神态描写逼真。周瑜的狡黠一笑和诸葛亮的微微一笑，分别展示出人物的不同形象。

师：写得好，评得准！看来大家对描写方法的运用和理解很到位。

> 评析：习作知识的教学不是目的，学生的习作实践、习作成果才是习作指导课的追求。有了前面板块的铺垫、激活与示范，更有评价先行的引领，学生的表现也因此变得令人刮目了。

## 板块五　全课总结，布置作业

师：德国哲学家莱布尼茨说，世界上没有完全相同的两片树叶，更没有完全相同的两个人。就是与众不同的你，独一无二的我，不同寻常的他，组成了这个美妙的世界，学会发现，学会欣赏，生活会更美好！课后请同学们完成习作，根据自评互评表修改文章。

### 习作自评互评表

| 评价项目 | 内　容 | 描　写 |
|---|---|---|
| 评价要求 | 事例能很好地表现人物特点 | 采用恰当的描写方法 |
| 自评 | ☆☆☆ | ☆☆☆ |
| 互评 | ☆☆☆ | ☆☆☆ |
| 互评修改建议 | | |

评析：作前指导课上完成的只是一个片段，成篇习作的起草、评价、修改还需继续。自评互评表的出示凸显了"全程参与、引领诊断"的评价理念。

板书设计：

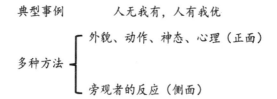

习作：形形色色的人

典型事例　　　人无我有，人有我优

多种方法　┌ 外貌、动作、神态、心理（正面）
　　　　　└ 旁观者的反应（侧面）

（本课执教人：查双林 ）

# 聚焦核心知识，促进有效学习

——《点面结合写场景》微视频习作指导课

## 板块一　视频为媒，学写场景

师：如何写好一个场景呢？下面我们就来研究一个场景，看看怎样把生活画面变成鲜活的文字。请看视频——

### 一、交流总体印象

师：你发现了什么？

生：是我们班同学在玩"老鹰捉小鸡撕名牌"的游戏！

师：你从视频中感受到了什么，能不能用一两个词或者一句话说说整体印象？

生：紧张、激烈。

生：这是一场扣人心弦的比赛！

生：这是一场欢乐的比赛。

## 二、讨论写法

师：怎样把这个游戏场景写清楚，写具体呢？（引导看板书）

生：要点面结合。

师：是的，先要突出重点。你觉得这个游戏场景中有哪些点？重点人物是谁？

生：观众和参与游戏的同学都是点，不过我们看视频最关注的还是玩游戏的人。

生：我觉得要重点观察"老鹰""鸡妈妈"和"小鸡"。

生：玩游戏的人是主角，观众是配角。

师：那么，我们可以把游戏者作为"点"来重点观察与描写，把观众作为"面"来描写。

师：我想采访一下"老鹰"，你抓到那只末尾的"小鸡"并撕下他的名牌是一帆风顺、易于反掌吗？

生：可不是呢，费了很多力气啊！

师：嗯，视频虽然不长，但也是一波三折。请大家再看视频，看看这个回合的比赛大体可以分为哪三个阶段。

（再次播放视频，看后交流。）

生：一开始"老鹰"左右追赶，"鸡妈妈"和"小鸡"左躲右闪，"老鹰"没什么机会。

生：接下来"老鹰"开始发力了，加快速度，躲过了"鸡妈妈"的阻拦，朝末尾的"小鸡"扑去，差点摔了一跤。

生：我们都以为"老鹰"要放弃了，可谁知道它一个假动作骗过了"鸡妈妈"和"小鸡"，顺利得手了。

师：你们看得很仔细，说得也比较清楚。老师总结为"相互试探""进攻受挫""妙计得手"。可是要把游戏写具体，我们还要注意观察人物的哪些方面呢？

生：还要抓住动作、神态等仔细观察。

师：好，请大家再仔细看一遍视频，重点观察游戏者的动作和表情。

（第三次播放视频。）

师：我想请三位同学到前面来当"解说员"，看视频同步口头描述人物的动作、神态。谁愿意接受挑战？

（三名学生上台，老师分段播放视频，学生解说。）

生：你瞧，"老鹰"瞪大眼睛，猫着腰，向左一扑，"母鸡"立刻伸开双臂，挡住"老鹰"，"小鸡"也紧跟着躲到右边。一计不成，"老鹰"立刻折回来向右边扑去，"小鸡"就又赶紧闪到左边。

生："老鹰"见扑了几次没效果，就加快速度，避开母鸡的阻拦，朝着末尾的"小鸡"猛扑过去，眼看就要抓住了，没想到一个趔趄，差点摔倒。

生："老鹰"累得直喘，停下来休息，大家都以为她要放弃了，没想到她先背靠鸡群缓缓向左挪动几步，再向右跨去，猛然又折回来向末尾的那只小鸡扑去，这只可怜的"小鸡"由于放松了警惕，被抓了个正着！"老鹰"一把撕下她背上的名牌，高高举起，脸上露出了胜利的微笑。

师：你们都是优秀的解说员，让我们看到了一只有勇有谋的"老鹰"！

### 三、出示作文纸，补写片段

师：下面请同学们拿出作文纸，根据上面的提示，补写游戏过程，尽量做到写清楚，写具体。

> （面）随着老师一声令下，紧张激烈的撕名牌游戏开始了。霎时，"加油！加油！"观众们的喊声震耳欲聋，参加游戏的同学更是聚精会神地投入了"战斗"。（点）你瞧，
> _____

点评：以视频为素材，一看视频，引导学生提取视频基本信息，在抓住事件基本要素的基础上概叙事件；再看视频，分解过程，为"说具体"做层次性引导；三看视频，聚焦动作，为"说具体"提供详实的内容和言语材料。视频的三次巧妙使用集中指向"说具体"这一习作目标，循序渐进，教给方法。

板块二 分享评议，扩充成篇

## 一、多元评议

（选取"观众""游戏者"视角习作各一篇以师生、生生互动的形式进行评讲，重点围绕是否有序，是否抓住人物的动作进行具体描写来评议。）

## 二、扩充成文

师：刚才我们按照"先面后点"的方式，把视频中的游戏场景基本写清楚，写具体了，但是这还算不上一篇完整的习作。你觉得还可以写一写哪些内容？

生：我觉得还可以写游戏结束时，教室里的一片欢乐景象。

师：说得好，如果补写在刚才所写的片段后面，就构成了一个新的"面"。

生：还可以写玩游戏或者看游戏的感受。

生：前面还要写一写游戏的起因、规则等。

师：说得很好，有了这些，才算得上一篇完整的习作。

点评：当场指导，以两篇习作的修改指导来引导所有学生学会修改。

板块三 话题拓展，迁移运用

## 一、拓展视野

师：生活中类似的活动场景还有哪些？

生：运动会、大扫除……

师：是的，我们的生活丰富多彩，学校运动会上选手们顽强拼搏，大扫除时值日生热火朝天，班级联欢会上同学们载歌载舞，神圣庄严的升旗仪式，甚至电视直播的奥运会开幕式……都可以成为我们笔下的习作素材。这些场景都可以运用同一个描写方法——

生：点面结合。

## 二、布置作业

师：选取一个场景，按时间顺序写下来，写的时候要把场景写具体，写清楚。也可以把今天写的《老鹰捉小鸡撕名牌》扩充成一篇完整的习作。

> 点评：由一个话题拓展到诸多话题，把"点面结合写场景"这种方法拓展到其他的场景习作中去，在拓展延伸中"得法"。

板书设计：

场景描写

点：细节　具体写（近）

面：整体　概括写（远）

总评：

第一，习作指导课教什么？

究竟一节习作指导课教什么，很多老师很迷惑。我们在许多习作指导课上看到，这样构段方法，那样写人技巧，这样布局谋篇，那样立意新巧……可谓样样不缺，但是落到实处很难。

王老师这节习作指导课旗帜鲜明地回答了这个问题，即一节习作课集中指导一种写作方法，甚至几节课攻克一种方法。本节课中，王老师目标明确，就是引导学生运用点面结合的方法写场景。王老师耐心细致地引导学生认识了"点面结合"；引导学生观看视频，尝试运用"点面结合"；评改指导，拓展延伸，掌握"点面结合"。像这节课一样，我们每一次习作指导集中教好一种写作方法，在长期的习作指导中日积月累，形成习作力。

第二，习作课怎么教？

为了引导学生认识并掌握"点面结合写场景"这种方法，王老师循序渐进，由形象的视频、插图入手，引导学生认识"点"和"面"，在学生的大脑深处构建形象的"点""面"意义，由此去认识文字中的"点"与"面"。然后巧借视频，引导学生三看视频，从人物、事件、动作三个不同的维度观察一个场景，学习运用"点面结合"的方法写一写场景。在评改、拓展中，把方法延伸到不同的场景写作中去，帮助学生举一反三，掌握方法。

习作指导的过程就是"建构—尝试—习得"的过程，每一节习作指导课都需要经历这样的过程。

第三，微视频有什么用？

本节课，王老师借助微视频指导学生习作。微视频的介入提供了鲜活的素材、事件的经过，人物的一颦一笑近在眼前……解决了习作找不到素材的难题之后，习作课集中指向观察方法、写作方法的指导，帮助学生在方法的探寻、学习与联系当中形成经验。

怎样指导观察、表达？微视频又一次提供了有力支持。通过引导学生发现注意点，再通过慢放、聚焦等手段逐层深入，逐步细致地观察，在观察中自然而然地运用了"点面结合"的方法。微视频在本节课教学中是素材，是载体，更是指导。

（本课评析人：张邦业）

# 看新闻，学写倡议书

—— 六上习作《学写倡议书》教学与评析

## 板块一　视频激趣，导入课题

（1）同学们，最近有这么一则新闻引起了我的关注，请看大屏幕！
（播放关于餐饮浪费的新闻视频）
（2）看完这则新闻，你有什么想法吗？
（3）如果想让你的想法得到大家的支持，并一起实施，你有什么好办法？
（4）今天我们就来学习"倡议书"（板书）。

评析：新闻视频介入，触目惊心的餐饮浪费现象，震撼心灵，使学生产生发起倡议的欲望，顺势导入本课主题。

## 板块二　范文引路，明确格式

（1）课本为我们提供了一份倡议书的范本，请同学们仔细观察，说说你的发现。

预设：

①格式很重要，同学们一下子就发现了倡议书是由标题、称呼、正文、落款和日期组成的，谁再来补充？

②同学们不但关注了整体，还注意到了正文分成了三个部分，也就是提倡的理由、建议和号召。

③能联系我们之前学习过的书信，很了不起！

（2）倡议书与书信有相同之处，那它与书信有什么不同的地方呢？为什么倡议书会有这样的不同呢？

小结：书信和倡议书都是写给一个人或一群人的，所以都有称呼、正文、落款和日期，但因为写倡议书的目的是让对方支持你的想法并一同实施，所以标题一定要观点鲜明，同时结尾要发出号召，鼓励对方行动起来，所以没有必要写祝福语。（板书：格式正确）

> 评析：教材提供了倡议书的范文，且用旁批的形式加以提示，一目了然，并非难点。与书信格式比较异同，一是避免混淆，二是使学生加深对倡议书特点的印象。

## 板块三　再看视频，合理建议

（1）写倡议书，光格式正确还不行。继续来观察正文，想想正文的最重要的是哪个部分？（具体建议）关于"建议"，例文旁边的批注给了我们很好的提示，谁来读一读？

（2）针对餐饮浪费现象，你又有哪些好的建议呢？

（3）弄清楚了餐饮浪费的类型和原因，才能对症下药。再次观看视频的主体部分，认真看，仔细听，然后填写下面的表格。注意针对每一种浪费现象可以提出多个原因，每个原因对应一条建议。（播放视频的主体部分）

| 餐饮浪费类型 | 餐饮浪费原因 | 关于"光盘行动"的建议 |
|---|---|---|
|  |  |  |
|  |  |  |
|  |  |  |
|  |  |  |

（4）出示表格：有位同学归纳得很完整，他一共归纳了几条建议？可以完全照搬写进倡议书吗，如何进行整合？

预设：①内容重复的可以合并。②针对"居家浪费"的两条建议不易操作，难以实行。

| 餐饮浪费类型 | 餐饮浪费原因 | 关于"光盘行动"的建议 |
|---|---|---|
| 饭店浪费 | 点的食物太多 | 吃多少点多少，吃不完的可以打包 |
|  | 顾客点菜时工作人员只是口头提醒，且不可能每个人都提醒到位 | 在饭店的醒目位置张贴提倡节约的宣传语，工作人员要经常提醒顾客不铺张浪费 |
| 居家浪费 | 饭菜不合口味 | 根据家人的口味买菜，吃饭时不挑食 |
|  | 饭菜做得太多 | 做饭时根据家人的胃口确定饭菜的多少 |
| 宴请浪费 | 好面子，讲排场 | 不讲排场，吃多少点多少，吃不完的可以打包 |
|  | 各种宴请太多 | 减少不必要的宴请 |
| 食堂浪费 | 打的饭菜太多，吃不完 | 学生吃多少点多少，不挑食 |
|  | 食堂工作人员没有提醒打饭打菜要适量 | 张贴提倡节约的宣传语，工作人员要经常提醒学生不铺张浪费 |

小结：倡议内容分点说明，要做到不重复，条理清楚，还要符合实际，便于操作（板书：条理清楚 具体可行）。

评析：提出具体的建议是本次习作的重点，也是难点。借助视频，搜集资料，分析造成现象的类型、原因，为学生提建议提供了可行的思路和方法，使建议不空洞，切实可行。同时，提醒学生要学会综合分析和归纳，避免习作中出现重复、不切实际等问题。

## 板块四　三看视频，完成全文

（1）写好了具体的建议，我们再来看"倡议的理由"部分，你有什么发现？

小结：要想别人接受你的建议，倡议的理由一定要充分。（板书：理由充分）

（2）看看例文用了几句话把理由写充分的？（三句）谁来读？这三句分别写了什么？

（3）陈述道理、联系实际、明确目标，三句话的功能不同，都很重要。现在，我们还是来看视频，不过这次我们只看视频的开头和结尾部分，认真听的同时，注意看视频里的字幕，看完后想想，视频内容对阐述倡议理由有什么帮助？

根据汇报出示：

陈述道理："谁知盘中餐，粒粒皆辛苦"。

联系实际：餐饮每年倒掉两亿人一年的口粮，每年粮食增长的量跟不上人口增长速度。

明确目标：节约粮食，光盘行动。

（4）那号召部分呢，有什么特点？

小结：排比句语气强烈，表达了付诸行动的决心，具有极大的鼓动性，这也是倡议书特点之一。（板书：号召力强）

（5）把倡议的理由、具体的建议连接起来，加上结尾的号召，添加题目，完善格式，就是一篇完整的倡议书了。请同学们赶紧拿起笔来，完成关于反对餐饮浪费的倡议书。

评析：借助范文，分析文本的奥秘，把理由写充分，使号召部分富有感染力；借助视频内容，利用引用和列数字的方法，把理由写具体。

板块五　对比完善，拓展延伸

（1）实际上，为了提倡节约粮食，10 月 16 日这一天就被确定为专门的"世界粮食日"，我们也来看一段关于"世界粮食日"的有关新闻。同时对照习作，想一想自己的倡议书还有哪些需要补充的，然后进行补充完善和修改。

（2）按照下面的表格给自己的习作评一评，然后同桌之间互相评价，根据同桌的建议再次进行修改。希望你每项都能得五颗星。

| 格式正确 | ☆ ☆ ☆ ☆ ☆ |
|---|---|
| 理由充分 | ☆ ☆ ☆ ☆ ☆ |
| 条理清晰 | ☆ ☆ ☆ ☆ ☆ |
| 具体可行 | ☆ ☆ ☆ ☆ ☆ |
| 号召力强 | ☆ ☆ ☆ ☆ ☆ |

（3）倡议书写好了，你觉得这份倡议书可以贴在哪里？

（4）倡议书要根据倡议的对象和内容贴在合适的位置，这份倡议书向饭店、食堂的工作人员和普通人家发出节约粮食的倡议，因此可以贴的地方很多。当然，还可以借助网络发表，形式也可以多样化，如制成公益宣传片就是一种很好的途径。

（5）如果是针对特定的人群如生产、加工行业呢？

（6）你还关注到身边的哪些不良现象呢？课后也可以写一写，然后通过合适的途径进行发表，让大家都参与到你倡导的事情中来。

> 评析："文章不厌百回改"，对照视频，补充完善建议，自评互评，再次修改，增强了学生的修改意识。同时，评价标准直指目标，充分体现了教学评一致性。写应用文的应重在应用，鼓励学生张贴，在真实的交际情境中培养学生的读者意识。

（本课执教人：王小虎）

## 学生习作展示

"不做低头族"倡议书

广大"低头族"同胞们：

"世界上最遥远的距离，就是我在你身边，你却在玩手机。"智能手机的出现极大地方便了我们的生活，却也带来了许多问题。"人手一部手机，机不离手"已成为当代人的生活主流。公交车上、上下班途中、亲朋相聚、睡前饭后，刷朋友圈、看抖音、玩游戏，手机充斥着生活的每一个角落，安全隐患、亲情缺失、睡眠不足等问题随之而来，而且有愈演愈烈之势，但"低头族"深陷其中，浑然不觉。因此，我向广大朋友发出"不做低头族，拒绝手机控"的倡议，让我们从现在起，努力做到如下几点：

（1）安全意识记心中。过马路时坚决不玩手机，开车时坚决不用手机，以防发生意外。

（2）用机时间牢把控。坐车和睡前尽量不看手机，避免用眼疲劳，同时保证充足睡眠；外出时停止浏览手机，让双眼放松，让脊椎挺直，用行动捍卫我们的健康。

（3）兴趣爱好要广泛。多进行户外运动、坚持体育锻炼，培养音乐、书法、绘画等业余爱好，让身体得到锻炼，让情感得到熏陶。

（4）学习思考不放松。不沉溺于网络，不耽搁于游戏，不依赖于手机。遇到问题先独立思考，实在不能解决再手机"百度"。少一些网上快餐式的浏览，多一些深层次的纸质书籍阅读，品味书香，阅读经典。

（5）用心陪伴见真情。与家人和朋友在一起，放下手机，拉拉家常，聊聊生活，拒绝冷漠，用真诚互相尊重，用微笑彼此温暖。尤其作为家长，要与孩子增进交流，倾听孩子的心声，陪伴孩子的成长，更要以身作则，带领孩子远离手机，培养健康的生活方式。

（6）互相监督立见效。家庭成员共同制定使用手机的规则，将规则贴在家中的显眼处。当有人不遵守规则的时候，就要承担相应的"违约"责任。

手机是把"双刃剑"。使用得当，它是我们的好朋友；反之，则会成为我们生活中的"冷杀手"。低头族们，让我们放下手机，抬起头来，放眼美好，多一些陪伴，多一些锻炼，多一些思考吧！

王铭彰

2021 年 11 月 12 日

# 激趣拓思教方法，科幻故事巧创编

## ——六下《插上科学的翅膀飞》习作教学

### 板块一　重现经典人物，激发兴趣

（1）出示科幻故事角色，激发习作兴趣。

老师带来几位特殊的朋友（大屏幕出示科幻电影经典角色图片），我们一起来看一看他们是谁。

（大白和小宏、传说中的外星人）

（2）这些故事和人物都有些什么样的共同特点？

（初步感知科幻故事的科学性。）

（3）导入新课：今天，就让我们一起插上科学的翅膀（板书课题"插上科学的翅膀飞"），飞向一个属于自己的科幻世界。

> 评析：用学生熟知的科幻影视人物和故事导入新课，一下子就激发了兴趣，激活了思维，迅速切入了习作话题。

### 板块二　丰富科幻元素，拓展思维

（1）看图想象，启发思维。

说到科幻，当然离不开大胆的想象。下面就让大脑来做个热身运动，想象一下：

如果你的大脑可以直接从书上拷贝知识，你想拷贝哪些知识？

如果你拥有一个背包飞行器，你最想让它带你去哪里？或者你想用它做什么事？

如果你用时光机穿越时空回到恐龙时代，你会做些什么？

（2）理解科幻故事里的科学元素。

①圈画习作内容里含有"科学元素"的词语。

请大家读一读课本上规定的本次习作内容，你认为能体现"科学元素"的词语有哪些？请圈画出来。

②教师总结点拨：刚才我们谈到的这些内容和圈画的词语都和"科学"二字有密切的关系。

（3）交流汇报科学术语。

①学生自主想象科幻元素。

课前我们也收集了很多科幻元素，对它们有了初步的了解。你能在此基础上，选择自己喜欢的内容进行想象，创造出自己的科幻故事吗？请大家以关键词的形式在草稿纸上写出你要使用的科幻元素。

教师分类展示科幻元素。

a.观看电影《阿凡达》片段，了解影片中的科幻元素。

b.师生总结科幻元素分类：

神秘的科幻时空：时光隧道、虫洞教室、恐龙时代……

神奇的科幻人类：机器人、克隆人、火星人……

奇特的科幻技术：记忆移植、冬眠技术、冷藏人类……

奇异的科幻发明：袖珍影院、时间控制器、动物语言翻译机……

> 评析：创编科幻故事之前，用问题支架启发想象，是思维的拓展，也是学情的检测；圈画科学术语，补充科幻元素，这种强调与拓展正是基于学情的需要。

## 板块三 搭配科幻元素，构思情节

（1）回顾课文《那时候多有趣啊》的构思。

（2）自主构思，全班交流。

①自主构思：下面让我们用自己想到的关键词，或者从大屏幕上选取自己最感兴趣并可以相互关联的科幻元素，用简短的语言来构思一个神奇的科幻故事。

1 神秘的科幻时空：
时光隧道、虫洞教室、恐龙时代……
2 神奇的科幻人类：
机器人、克隆人、火星人……
3 奇特的科幻技术：
记忆移植、冬眠技术、冷藏人类……
4 奇异的科幻发明
袖珍影院、时间控制器、动物语言翻译机……

选取自己最感兴趣并可以相互关联的科学元素，用简短的语言来构思一个神奇的科幻故事！

②全班交流。

③总结：我们构思故事的角度可以是对过去世界的探秘，可以来自现实世界的困扰，还可以是对未知世界的好奇。

（3）学习构思科幻故事的方法。

①认真审题。

圈出习作要求中的关键词：科学技术、生活环境和奇特经历（板书）。加进科学技术的想象是"科幻"，有了生活环境和奇特经历就可以演绎为"故事"，符合这三个条件就是"科幻故事"。

②观看电影《流浪地球》片段，学习构思方法。

③学习写科幻故事的三个秘诀。

怎样才能把科幻故事写好呢？今天老师要结合《流浪地球》教给大家编科幻故事的三个秘诀。

秘诀之一：科学幻想，新颖独特。

为你想象的科学技术幻想具体的数据，营造真实的氛围。

秘诀之二：加入细节，生动有趣。

为你想到的科学技术加入足够多的细节，让读者感到信服，读起来生动有趣。

秘诀之三：情节曲折，引人入胜。

有趣的故事情节一定是一波三折的，科幻故事中主人公的"目标"是什么？他遇到了什么阻碍？他怎么"努力"来实现他的目标？"结果"如何？面对不太好的结局，主人公又遇到了怎样的"意外"来改变这一切？"意外"发生之后，情节发生了怎样的"转弯"？最后的"结局"又是怎样的？

④对照思维导图进行构思。

## 思维导图

| 空间、环境 | 科学技术 | （人物）科幻经历奇特 |
| --- | --- | --- |
| | | 目标（愿望）→困难（挫折）→<br>行动→结果→意外→结局 |
| | | |

**请你对照思维导图拟出习作提纲。**

> 评析：这个板块以课文和微视频为媒介，以思维导图为支架，指导创编科幻故事的构思和表达技法。习作知识的教学是精到有用的，也是易于接受的。

### 板块四　评议完善情节，初拟故事

（1）初拟提纲，交流评议。

请你根据自己的构思拟出习作提纲。

（2）教师小结：提纲拟好了，你的故事就有了框架，独特的空间、新奇的科学技术、离奇的故事情节是科幻故事不可缺少的重要因素。大家在编故事的过程中，可别忘了老师教给你的三个秘诀哦！下面就让我们拿起手中的妙笔，插上科学的翅膀，飞向属于自己的科幻世界吧！

（3）学生动笔，草拟初稿。

> 评析：有了作前的铺垫与启发，有了创作的欲望和方法，学生的自主写作就变得不再困难了。

### 板块五　对照评星标准，评价修改

（1）自主修改。

同学们改好了吗？现在我们再来读一读你的故事，看看你的故事是否做到了以下几点呢？如果你对自己的文章还不太满意，那请对照这三个标准尝试着改一改。

①科学幻想新颖独特。

②加入细节生动有趣。

③情节曲折引人入胜。

（2）自主评价。对照评星标准，看看你能得几颗星，对不满意的地方再次进行修改。

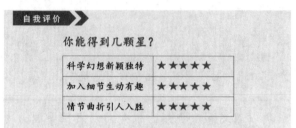

相信此刻你已经完成了一篇令自己特别满意的科幻故事。

> 评析：科幻故事"三要素"是教学的重点，也是教学的目标，自然就成为评价的标准，这就是"教学评一致性"。聚焦核心知识，提升关键能力，教学效果就有了保障。

## 板块六　拓宽科幻视野，延伸阅读

（1）推荐课后阅读科幻小说。

科幻故事是很受读者青睐的书籍之一。这些著名的科幻故事你读过吗？（出示科幻故事书目：法国凡尔纳的《地心游记》《海底两万里》《气球上的星期五》，中国刘慈欣的《流浪地球》《三体》《疯狂的外星人》）感兴趣的同学可以课后找来读一读。

（2）教师总结。

法国著名的科幻作家凡尔纳曾说过："敢于想象，才能成就伟大。"科幻小说有着无穷的魅力。它的奇特之处在于启迪着人们运用科学的智慧，插上科学的翅膀，飞向更加美好、更加神秘的世界。希望今天的科幻故事之旅能帮大家打开科学之门，飞向更广阔的科学时空。

（3）布置作业：请同学们回去以后将你的文章读给家长听，让他们给你提提意见。

> 评析：一次习作的完成并不是学习的终点，而是一个新的开始。从习作走向更深广的阅读，将学习引向纵深处。家长评价的介入凸显的是评价主体多元化理念，让表达因此更具交际性。

板书设计：

插上科学的翅膀飞

科学的幻想

生动的细节

曲折的情节

（本课执教人：吴汪霞）

## 细化连续动作 展开合理联想

——三年级观察作文《蜘蛛织网》教学实录与评析

### 板块一 恣意说发现

师：我们知道列文虎克玩镜片发明了显微镜，用显微镜观察，发现了微生物；我们也知道法布尔通过试验观察发现蜜蜂具备超常的辨别方向的能力；我们还知道生物学家通过观察发现不同植物开花时间不一样……大自然就是这样神奇，善于观察的人们总能发现它的秘密。小朋友们，你们可有新的发现？

生1：我观察小猫，发现它的眼睛白天总是眯着，一到晚上就睁得很圆。

生2：我观察邻居家的小狗，发现它是用舌头散热。

生3：我观察妈妈养的花，开花后颜色会慢慢变淡。

……

师：大家讲得真好，说明你们不仅善于留心观察，还善于从现象中发现规律。

评析：从教材课文中熟悉的故事出发，畅谈自己的发现，一下子打开了话匣子，拉近了文本与生活、表达与生活之间的距离。

## 板块二　冒险大猜想

### 一、认识蜘蛛网

师：（多媒体出示一张蛛网图）请同学们观察这幅图，图上是什么？你熟悉吗？你可知道它的主人是谁？

生1：这是蜘蛛织的网，蜘蛛用它来捕食。

生2：我也认识它，是蜘蛛为小虫子布下的天罗地网。

师：正如这两位小朋友说的，这的确是蜘蛛的网，是它休息、捕食的工具。你可知道蜘蛛把它这集栖身、捕食于一身的家安在什么样的地方吗？

生1：蜘蛛通常在墙角织网。

生2：蜘蛛会把网织在树丛里。

生3：我家老房子里，没有人住，有好多蜘蛛网。

生4：我觉得虫子多的地方就会有蜘蛛网，我们老家水塘边有许多蜘蛛网，因为那里虫子特别多。

师：（多媒体出示不同地方的蜘蛛网）看来大家对蜘蛛安家很熟悉。大家看，蛛网一般都在大型动物很少触及而虫子很多的地方。

### 二、冒险大猜想

师：小朋友们，你们知道蜘蛛是用什么材料织成这样细密、精致的网吗？你知道这么复杂的网是怎样一步一步织成的吗？

生1：蜘蛛用自己吐出的丝织网。

生2：蜘蛛一边吐丝一边爬，用丝编出网来。

师：我们看到蜘蛛网都是悬空的，你可知道蜘蛛是怎样建起这种悬空的"建筑"的？

生1：我猜是它吐丝时用力喷射出去，射到了另一边，就架起了桥。

生2：蛛丝那样细，那样轻，它没有办法射出那么远。我认为它是吐丝之后固定在这一边，然后下到地面绕到另一边，再拉紧丝，就建起了桥。

生3：我想蜘蛛吐出丝，固定在这一边，然后借助风力跳到另一边。

……

师：看来大家真会想象。蜘蛛究竟怎样在悬空的地方织网呢？请看视频。

评析：表达指导需要唤醒，需要激活。张老师利用一张图片，三次追问，学生在"头脑风暴"中，生活经验充分得以调动，想象力和创造潜能得以激发。这样的教学既发展了学生的语言能力，又发展了他们的思维力，更为下面的教学奠定了基础，指明了方向。

## 板块三　观后初解说

（学生观看蜘蛛织网的视频，3分钟。）

师：观看了《蜘蛛织网》小视频之后，你发现哪些和你的猜想一样？

生1：我发现蜘蛛用自己吐出来的丝织网，和我的猜想一样。

生2：细密精致的网是蜘蛛一根丝一根丝织出来的，和我说的一样。

生3：蜘蛛织网会先选择合适的位置。

师：细心的小朋友是不会放过任何细节的，蜘蛛织网之前先要选择张网的最佳地点。（板书：选址）

师：观看中你发现有哪些和我们猜想不一样？

生：蜘蛛怎样在悬空的位置建起网，这个和我们的猜想不一样。蜘蛛可比我们聪明多了，它先借助风力悬空架起"天桥"，有了这座"桥"，蜘蛛就可以织网。

师：你看得很认真，发现了蜘蛛织网的关键一步——架天桥（板书：架桥）

生：蜘蛛在叶丛中织了一张网，用来捕获猎物。

师：你讲清楚了一个基本事实，并说清楚了蛛网的用途。谁能补充？

生：蜘蛛选择了张网捕猎的地址，接着凭借风的力量在悬空的地方架起了一座"天桥"。

生2：我还有补充。架起"天桥"后，蜘蛛通过"天桥"向其他方向"架梁"，所有的梁架好了，就成了一个圆形。

师：你补充得非常好，这时候就形成了一个车辐的样子。

生3：最后蜘蛛就吐丝绕成圆形，一圈一圈往里绕，最后一张八卦形的网就织好了。

师：大家都善于观察，并把蜘蛛织网的大致过程讲清楚了。蜘蛛织网的主要程序是这样的：选址—架天桥—架梁—编织。我们这样说，能不能让听我们说的人清清楚楚地知道蜘蛛是怎样织出了又细又密的网呢？

生（若有所思）：不能。

> 评析：初看微视频，与先前的猜想进行比照，在"印证"与"辨析"
> 中无痕分解了蜘蛛织网的步骤。概括性叙述为后续的具体描述做了层次
> 性的引导。

## 板块四　聚焦细描摹

### 一、聚焦"选址"，指导细化连续动作

师：的确不能让别人知道得清楚明白。我们只知道了大环节，具体到其中的每一个步骤还是不清楚的。请再次观看慢放的"选址"视频，注意记录下蜘蛛的每一个动作。（慢放视频，学生边看边记录）

师：刚刚我们在慢镜头下观看了蜘蛛选址的过程，蜘蛛选址具体有哪些动作？

生1：我记录的动作有爬、静坐、绕。

师：请根据你的动作提示，说一说蜘蛛是怎样选址的。

生1：蜘蛛爬到树叶上边，静静地坐在那里，一动不动的。过了一会儿，它又绕到另一片树叶上，静静地坐了一会儿……

师：正是因为认真观察了蜘蛛的每一个动作，抓住这三个动作来说，就很清楚了。谁还能说得更具体些，譬如蜘蛛怎样爬过的？蜘蛛静静地坐在那里是在干什么？可以猜想一下。

生2：我来补充。蜘蛛飞快地顺着树枝往上爬，一直爬到一片叶子的边缘，一动不动地坐在那里，好像在观察这里是不是适合张网捕猎。过了一会儿，它又迅速转身往回爬，绕到另一根树枝上，爬到一片叶子的边缘，观察了好久，似乎觉得这里是最好的捕猎场所……

师：说得真好，你不但抓住了蜘蛛选址时的每一个动作，有序地说清楚了蜘蛛选址的过程，而且猜想了蜘蛛每个动作的目的，很合理，让人一听就明白了。（板书：分解动作＋联想）

评析：慢放微视频，进一步细致分解连续动作，变概括叙述为具体描述，更重要的是培植了学生"慢镜头心态"和细致观察的习惯与能力。张老师并没有止步于此，引导学生在观察中展开合理联想，让表达的质量更上台阶，寓习作知识的教学于有情有趣的活动之中，精准有效。

### 二、揣摩"架桥"，引导细化连续动作

师：我们用刚才的方法来观看蜘蛛架桥的片段，清楚、具体地说一说蜘蛛是怎样架桥的。（慢放蜘蛛架桥片段）

生3：蜘蛛架桥很有趣，与我们猜想的不一样。它在叶片的边缘转过身子，冲空中射出了一根又细又长的丝，这根明亮的丝在空中随风飘摆着。忽然，风大了些，丝飘动得更猛了，一下子就粘到了对面的树叶上。蜘蛛迅速沿着这根丝爬到对面，又吐出一些丝来在叶片上绕了几圈，算是固定，一座悬空的天桥就架好了。

师：掌握了"动作分解"的方法就能把某项活动写具体。

### 三、慢放"编织"，尝试细化连续动作

师：现在我们关注一下"编织"的过程，认真看，用刚刚学习到的方法来写一写。

（播放—学生观察—试写—展示、评改）

片段举例：

　　蜘蛛爬到架好的天桥中央，然后一边吐丝，一边往回爬，后脚把吐出的丝尽力撑开。快要到天桥的尽头时，蜘蛛爬到另一片树叶上去，固定好丝。蜘蛛用同样的方法，从中心点沿着第二根丝放第三根丝……很快，圆形向四周发散的"梁"构成的网架就成型了。蜘蛛爬到中心吐出一些丝固定了一下，然后从最外边绕圈吐丝，每每爬到"梁上"，它的后脚会使劲压一下，丝就固定了，蜘蛛就这样一直往中间绕。有时累了，它就在网上趴一会；有时风比较大，它就爬到树叶上避一避，休息好了或者风停了，它又继续工作。很快，网织成了，它就趴在网中央等候猎物自投罗网……

师：请读一读自己写的片段，回顾一下刚刚讲到"动作＋联想"的方式，看看哪些地方可以展开联想，试着修改一下。

（学生自读修改。）

师：说说你增加了哪些联想。

生1：我在"蜘蛛爬到架好的天桥中央，然后一边吐丝，一边往回爬，后脚把吐出的丝尽力撑开"这一句后面增加了"这样刚刚吐出的丝就不会粘到原来的丝上"。

师：可见蜘蛛每一个动作都是那样细心而又娴熟。

生2：我把"快要到天桥的尽头时，蜘蛛爬到另一片树叶上去，固定好丝"这一句改为"快要到天桥的尽头时，蜘蛛爬到另一片树叶上去，上上下下不停地缠绕起来，似乎只有这样结结实实地缠绕才算得上牢固，它才会放心一样"。

师：细心地缠绕，为安全而努力，好一只精细的蜘蛛。

生3：我把"从最外边向内绕圈吐丝，每每爬到'梁上'，它的后脚会使劲压一下，丝就固定了"这一句后面增加了"每压一下似乎使出了全身的力气，可是它一点儿也不觉得累"。

师：是啊，蜘蛛就是这样努力。

……

师：读一读，比较一下，有了联想加入后，表达效果有什么不同？（学生边读边思考）

生1：增加了联想之后，它要干什么会清楚一些。

生2：能够感受到蜘蛛的细心和认真。

生3：也能感觉到织网的确不容易。

生4：有了联想，我感觉笔下的蜘蛛更像人了！

……

评析：习作知识的教学，从认知阶段开始，经过联系阶段与自动化阶段，才有可能形成能力。张老师为学生创设了不同情境的练习机会，实践运用。一次习作，重在细化动作写具体；二次习作，加入联想提质量。这样的教学看到了效果，看到了生长。

## 板块五　想象抒真情

师：是啊，有了联想的加入，每个动作的意图更清楚了，蜘蛛和人类相同的吃苦耐劳的精神也更加明显了。看完了蜘蛛织网的全过程，你又有怎样的感想呢？（定格蜘蛛趴在网中央的照片）

请看看这张网，把蜘蛛与网进行比较，这是一张怎样的网？

生 1：这是一张很大很大的网。

生 2：这是一张又细又密的网。

师：是啊，对于蜘蛛而言，这的确是个大工程。蜘蛛是怎样完成这个大工程的呢？

生 3：细致认真。

生 4：一丝不苟。

师：是啊。工程如此之大，难度如此之大，蜘蛛却毫不退缩，精心地制作。你获得了怎样的启发呢？

生 5：不管做什么，都要认真细致。

生 6：只有辛勤劳动，才能有美味的食物。

师：是的，美好的生活要靠劳动来创造。小小的蜘蛛带给我们极大的震撼。你觉得这如果写成一篇文章必须写哪些内容？

生 1：选址—架天桥—架梁—编织。

生 2：还要写上我们的感受或者启发。

师：讲得真好。那么你会给这篇文章拟个什么题目呢？

生 1：蜘蛛织网。

师：这个题目一目了然。

生 2：勤劳的蜘蛛。

师：这个题目是对蜘蛛的夸赞。

生 3："网络"大师。

师：这个题目很有新意。

……

师：课后，请把这篇文章写出来，或者你有新的观察，也可以写一写。下课。

评析：中段的习作教学可以有初步的篇章意识的渗透。张老师的结课处理是精练高效的：有由事到理的提升，有选材谋篇的渗透，有自主拟题的指导，克服了惯常"只见片段不见篇"的弊病，习作教学完整圆融。

（本课执教人：张邦业）

# 运用镜头语言，写出画面感

## ——《放牛班的春天》微电影习作教学

【影片素材】

电影《放牛班的春天》片段——马修老师的第一堂课。

【影片简介】

克莱门特·马修是一个才华横溢的音乐家，不过在 1949 年的法国乡村，他没有发展自己才华的机会，最终成了一间男子寄宿学校的助理教师。这所学校有一个外号叫"池塘底部"，因为这里的学生大部分都是难缠的问题儿童。到任后，马修发现学校的校长以残暴高压的手段管治这班问题少年，体罚在这里司空见惯。性格沉静的马修尝试用自己的方法改善这种状况，闲时他会创作一些合唱曲，而令他惊奇的是这所寄宿学校竟然没有音乐课，于是他决定用音乐的方法来打开学生封闭的心灵。

马修老师开始教学生如何唱歌，但事情进展得并不顺利，一个最大的麻烦制造者就是皮埃尔·莫安琦。皮埃尔拥有天使的面孔和歌喉，却有着令人头疼的性格，循循善诱的马修老师把皮埃尔的音乐天赋发掘出来……最终，皮埃尔成长为一名世界著名的音乐指挥家。

【教学过程】

### 板块一　观看电影，把画面变成文字

（1）介绍背景。

这是马修老师第一次走进教室遭遇到的情景，在此之前，他见识到了校长的粗暴武断、自以为是，还亲眼目睹了看门人被学生搞恶作剧戳伤了眼睛，看

到了校长把一个无辜的因此受牵连的孩子关了禁闭……

（2）观看电影片段。

（3）梳理信息。

①主要人物：马修老师、院长、勒盖莱克。

②主要情节：教室乱作一团—老师摔倒、皮包被抢—院长闻声赶来—老师为学生掩饰过错……

③人物对话。

> "各位同学……上课时间不准抽烟！大家都一视同仁，你也不例外！"
>
> "还给我！还给我！"
>
> "安静！安静！还给我……"
>
> "真了不起，恭喜你，马修老师！坐下！"
>
> "又是你！是吗？为什么总是你？他又做了什么？"
>
> "没什么，院长！"
>
> "怎么可能？你要处罚他？"
>
> "我原来打算请他到前面去答题的。你进来时，我刚要叫大家安静！"
>
> "您确实有此需要，别逼我回来！"

（4）再看电影，关注细节。

（5）文字记录，变影为文。

①写作提示：

a.按事情的发展顺序来写：走廊上、讲台前、座位间、教室门口。

b.人物的语言贯穿始终，提示我们故事情节的发展。

c.描写要关注人物的表情（眼神）。

②拟个好题目：

《放牛班的春天》电影片段、马修老师的第一节课、第一次较量、第一节课上的"下马威"……

③课上时间有限，我们可任选其中某个情节写一段话，其余部分课后完成。

【学生习作】

马修老师的第一节课

教室里传来刺耳的喧闹声，马修老师不由得眉眼紧锁，放缓脚步，在长廊尽头停住了。

这时，一个在门窗后窥望的孩子喊道："秃头来了……"吵嚷的教室很快安静了下来。

马修老师定了定神，若无其事地推开教室门。门口立着一个面目狰狞的人体骨架模型，嘴里还"含"着一支点燃的雪茄。底下传来窃窃私语的低笑声。马修老师对着模型正色道："上课不许吸烟，包括你也不例外。"说完，随手拔掉那只雪茄，扔在地上用脚踩灭。

马修老师走向讲台，没留心脚下的台阶，一个趔趄，身子重重地摔倒在地，手里的提包也不慎滑落在地，里面的讲义四处飞散。坐在前排的一个男孩顺势把包抢在手里，又飞快地传给了后面的孩子。几个孩子蜂拥而上，争相抢夺。马修老师爬起来，气急败坏地追赶并大声叫道："安静，安静，把包还给我！"可一丁点儿作用也没有，教室里闹作一团。

突然，校长推开教室门走了进来。孩子们见了，顿时齐刷刷地站立不动。教室里变得死一般的寂静……

> 评析：纪实性写作最需要的就是要善于把生活画面变成文字，而微视频可以反复观看，不像生活场景稍纵即逝，因此利用电影片段来训练写实是最好的选择。久而久之，学生的叙述和描写能力会日渐提高。

板块二 分解镜头，把文字变成画面

（1）分解镜头，读懂镜头语言。

| 镜 号 | 景 别 | 内 容 |
|---|---|---|
| 01 | 远景 | 老师站在门口窗前，同学们停止扔纸团，纷纷坐好 |
| 02 | 全景 | 老师向教室走去 |
| 03 | 近景 | 门窗口一同学说"秃头来了，安静" |
| 04 | 特写 | 一同学快速捡起老师掉在地上的皮包 |

（2）引入文本，发现表达的秘密。

①出示原文，这里写的是什么场景？

> 我来到母亲工作的地方，呆呆地将那些母亲扫视一遍，却没有发现我的母亲。
>
> 七八十台缝纫机发出的噪声震耳欲聋。
>
> "你找谁？"
>
> "找我妈！"
>
> "你妈是谁？"
>
> 我大声说出了母亲的名字。
>
> "那儿！"
>
> 一个老头儿朝最里边的角落一指。
>
> 我穿过一排排缝纫机，走到那个角落，看见一个极其瘦弱的脊背弯曲着，头和缝纫机挨得很近。周围几只灯泡烤着我的脸。
>
> "妈——"
>
> "妈——"
>
> 背直起来了，我的母亲。转过身来了，我的母亲。褐色的口罩上方，一对眼神疲惫的眼睛吃惊地望着我，我的母亲……
>
> 母亲大声问："你来干什么？"
>
> "我……"
>
> "有事快说，别耽误妈干活！"
>
> "我……要钱……"
>
> 我本已不想说出"要钱"两个字，可是竟然说出来了！
>
> "要钱干什么？"
>
> "买书……"
>
> "多少钱？"
>
> "一元五角……"
>
> 母亲掏衣兜，掏出一卷揉得皱皱的毛票，用龟（jūn）裂的手指数着。
>
> 旁边一个女人停止踏缝纫机，向母亲探过身，喊道："大姐，别给他！你供他们穿，供他们上学，还供他们看闲书哇！"接着又对着我喊："你看你妈这是怎么挣钱？你忍心朝你妈要钱买书哇？"

> 母亲却已将钱塞在我手心里了，大声对那个女人说："我挺高兴他爱看书的！"
>
> 母亲说完，立刻又坐下去，立刻又弯曲了背，立刻又将头俯在缝纫机板上了，立刻又陷入了忙碌……
>
> 那一天我第一次发现，母亲原来是那么瘦小！那一天我第一次觉得自己长大了，应该是个大人了。
>
> 我鼻子一酸，攥着钱跑了出去……

②出示删改后的语段，与原文比较，缺少了哪些描写？表达效果有何不同？

> 我来到母亲工作的地方，在最里边的一个角落里找到了正在缝纫机上忙碌的她。
>
> "你来干什么？" 母亲大声问。
>
> "我……"
>
> "有事快说，别耽误妈干活！"
>
> "我……要钱……"
>
> 我本已不想说出"要钱"两个字，可是竟然说出来了！
>
> "要钱干什么？"
>
> "买书……"
>
> "多少钱？"
>
> "一元五角……"
>
> 母亲从衣兜里掏出一卷毛票，数了几张递给我，立刻又埋头工作起来。
>
> 我鼻子一酸，攥着钱跑了出去……

预设：少了环境的描写，少了多视角地对母亲的外貌、动作等方面的细节描写，少了老头儿的指引和旁边女人的插话，缺少画面感，不能触动读者心灵。

③分析重点语句的镜头运用及其表现效果。

镜头一：七八十台缝纫机发出的噪声震耳欲聋。（全景，交代了母亲恶劣的工作环境与挣钱的不易，为下文铺垫）

镜头二：一个老头儿朝最里边的角落一指。我穿过一排排缝纫机，走到那个角落，看见一个极其瘦弱的脊背弯曲着，头和缝纫机挨得很近。周围几只灯泡烤着我的脸。（从远景到近景，描绘母亲的工作环境与工作状态，足见其辛劳）

镜头三：背直起来了，我的母亲。转过身来了，我的母亲。褐色的口罩上方，一对眼神疲惫的眼睛吃惊地望着我，我的母亲……（特写、慢镜头，刻画母亲的疲惫）

镜头四：母亲掏衣兜，掏出一卷揉得皱皱的毛票，用龟（jūn）裂的手指数着。（从近景到特写，掏钱的动作毫不犹豫，手指的特写印证其工作的艰辛）

镜头五：母亲却已将钱塞在我手心里了，大声对那个女人说："我挺高兴他爱看书的！"（从特写到近景，塞钱的动作看出母亲对我的希望与无私，语言描写足见其伟大）

镜头六：母亲说完，立刻又坐下去，立刻又弯曲了背，立刻又将头俯在缝纫机板上了，立刻又陷入了忙碌……（近景、快镜头，母亲快速投入工作，分秒必争）

④总结梳理。

我们要善于向电影导演学习，运用不同的镜头语言从不同的视角描写，多角度、全方位地写出人物的活动。

> 评析：这个板块承上启下，通过删改比较、影文互换，引导孩子用导演的视角来审视文本，鉴赏作家语言表达的高妙之处，从而领悟镜头语言塑造画面感的诀窍。

## 板块三　迁移运用，描述生活画面

请从下面的场景中任选一个用上不同的镜头语言续写下去，也可以另选一个自己熟悉的场景哦！

（1）"我的快递怎么还没来呢？"我趴在窗台上向小区门口张望着……

（2）自习课上，同学们一个个神情紧张地注视着老师拿着一摞批过的试卷从走廊那头走来……

（3）最后一次试跳开始了，看着起跑点上的我班选手姚俊男，我大气都不敢出……

评析：从电影开始，进入文本解码，最后回归生活，落脚到表达实践。从视频语境走进文本语境，最后进入生活语境，为现实写作服务，这是微视频习作的根本旨归和追求。

# 在"儿童语境"中学写对话

## ——《提示语，也调皮》课堂实录与评析

### 板块一　课前预热，初识作用

（1）播放《家有儿女之神秘的礼物》视频片段（无声版）。

师：看把你们急的，有什么话想对老师说？

生1：怎么没声音啊？

生2：没有声音的视频不好看。

师：只见人忙活着，就是听不见人物说话。人物成了哑巴，这视频就没什么看头了。下面老师播放带声音的视频，大家认真看，看谁看明白了。

（2）正常播放微视频，交流观看感受，探讨人物语言的重要性。

师：人物开口说话了，看着有什么不同？

生1：看明白了他们在讨论一件什么事。

生2：知道了每个人物对这件事的看法。

生3：还基本看出了人物的不同性格。

师：说得真好。看来，人物对话太重要了。有了它，我们才能看懂视频内容，才能了解人物的性格。

评析：在有声的世界难以想象"无语"的困顿。两段视频反差入课，没有拘谨的套路，在好玩的类似游戏的视频比较中完成了用"声音"来塑造人物。声音的语意功能无比丰富，此处指向于"对话"，来了一个敞亮的开门式。

## 板块二  文本介入，读解密码

### 一、聚焦对话，发现形式之异

（1）师：观看视频，让我们知道了人物对话对看懂故事内容，了解人物性格有多么重要。其实，读文章、写文章同样如此。比如，我们刚刚学过的一篇课文——《可贵的沉默》里就有很多的语言描写。

（2）师：请大家自由朗读课文的 1～9 自然段，找出其中的对话描写，并圈画关键词，理解揣摩文中人物的心理活动。

（3）汇报交流，让学生比较、发现对话形式的不同。

师：（出示）大家看，这句话引号外面的部分叫什么？

我问同学们："爸爸妈妈知道你的生日在哪一天吗？"

生：提示语。

师：（板书：提示语，再出示其他五句话）请大家比较一下，下面五句话的提示语跟第一句话一样吗？不同点在哪里？

生：不一样。第①句的提示语在话前，第②句和第④句的提示语在话后，第⑥句的提示语在话中间，第③句和第⑤句没有提示语。

师：是的。这六句话可以根据提示语的情况分成四类——提示语在前、提示语在后、提示语在话中，以及没有提示语。提示语的形式变化多端，就像一个调皮的孩子。我们给以上几种情况各取一个有趣的名字，看——

| 形  式 | 称  呼 |
|---|---|
| 提示语在前 | "牵羊式" |
| 提示语在后 | "推车式" |
| 提示语居中 | "挑担式" |
| 没有提示语 | "隐身式" |

> 评析：王老师是懂儿童的，不仅准确把脉儿童学习对话的知识缺口，更深谙他们的认知形态。用儿童的方式教提示语，记忆公式就变成了有趣的探寻。"牵羊式""推车式""挑担式""隐身式"有趣又管用，基于学生的发现，又在学生的发现之上。可以说，以儿童喜欢的肢体进行表达是提炼一组提示语的形象方法。

## 二、变式比较，体会表达效果

（1）对比读悟，同桌交流。

师：大家看，老师将课文里的几句人物对话改编了一下。请你读一读，看看有什么发现？

（出示。）

> ① 我问同学们："爸爸妈妈知道你的生日在哪一天吗？"
>
> ② 孩子们异口同声地回答："知道！""知道！"。
>
> ③ 我接着问："生日那天，爸爸妈妈向你们祝贺吗？"
>
> ④ 又是一片肯定的回答声："当然祝贺了！"
>
> ⑤ 我又问："'知道的''祝贺的'请举手！"
>
> ⑥ 我提高了声音："把手举高，老师要点数了！啊，这么多啊！"

生1：老师将没有提示语的句子补上了提示语。

生2：老师把所有的提示语都放在了前面。

生：老师修改的句子感觉很单调。

师：看着很呆板是一个原因，但不仅如此，不同形式的提示语有着不同的表达效果哦。下面，请你再次把老师修改的和课文里的句子对比着读一读，探究一下"调皮"的提示语里到底藏着怎样的秘密。自己读完了，再和你的同桌讨论讨论。

（2）全班交流，逐句分析、归纳。

师：通过研究，你有什么新的发现？

生1：第②句和第④句是老师刚问完，同学们就抢着回答。读起来让人感觉有些迫不及待。

师：所以——

生1：先写同学们回答老师的话，再写提示语。

师：为你点赞！你发现了语言背后藏着的秘密。原来人物说话很急切时，可以先把要说的话写出来，再写提示语。

生2：第⑥句里面老师说了两次话。他先让同学们举手，"要点数"，然后再说"这么多"，中间有个停顿，所以课文插入了提示语。我觉得十分符合当时的情形。

师：是啊，从"要点数"到"这么多"有个等待的过程，提示语在中间体现了时间差。

生3：第③句和第⑤句不写提示语，但是我们都知道这是老师说的话，丝毫不影响理解。

生4：不写提示语，读起来干脆、简洁。

师：说得好，在说话对象明确的情况下，我们可以省去提示语，这样更紧凑，更简洁。

（3）教师小结。

师：（出示表格）大家看，不同形式的提示语有着丰富的表达效果。课文中的对话形式多样，提示语的变化生动再现了课堂上的热闹场景，原来"调皮"的背后大有学问！

| 语　言 | 形　式 | 表达效果 |
|---|---|---|
| ①我问同学们："爸爸妈妈知道你的生日在哪一天吗？" | 提示语在前（"牵羊式"） | 最普通的形式，平静的叙述 |
| ②"知道！知道！"孩子们异口同声地回答。④"当然祝贺了！"又是一片肯定的回答声。 | 提示语在后（"推车式"） | 人物说话迫不及待，兴奋、自豪 |
| ⑥"把手举高，老师要点数了！"我提高了声音，"啊，这么多啊！" | 提示语在中间（"挑担式"） | 体现时间差，从"要点数"到"这么多"有个过程 |
| ③"生日那天，爸爸妈妈向你们祝贺吗？"⑤"'知道的''祝贺的'请举手！" | 没有提示语（"隐身式"） | 说话对象明确，体现课堂节奏的紧凑与气氛的活跃 |

（4）师生分角色朗读课文对话，体会课堂情境与人物心情。

> 评析：继续探究提示语的秘密。这个环节是重点亦是难点。两次观察改写，两个探究层次。第一次对比，发现位置的变化，结论是形式灵动，不单调；第二次对比，发现表达的需要，结论是依语情、语意而变换，更适切。两层推进中，教师对提示语的功能解读由表及内、由形入神，超越了一般的工具论调。

## 板块三　视频为媒，尝试改写

（1）播放电影《西游记之大圣归来》中的"丛林对话"片段，体会人物性格。

师：接下来，老师要给你们播放一段好玩的动画片，请大家仔细观察人物的表情动作，认真倾听人物对话。看完了，老师有问题问大家。

（2）观后交流。

师：这段微电影里面有两个人物，一个是孙悟空，一个是江流儿。你喜欢他们吗？

生：喜欢，太有趣了。

师：哪里有趣呢？

生：江流儿就像一只跟屁虫，好奇心强，一路问个不停，问得孙悟空都烦死了。

师：你还看到一个怎样的孙大圣？

生：江流儿总是问，总是问，孙悟空很不耐烦，却又无可奈何。

师：说得好。你们的这些主要是从哪儿感受到的？

生1：他们的对话。

生2：还有孙悟空抓耳挠腮、警告江流儿、掌击大树的动作和表情。

（3）出示对白。

师：同学们看得很仔细，说得很精彩。看，老师也会七十二变，我把这段妙趣横生的微电影变成了文字，读一读，

（出示。）

> 江流儿："大圣，大圣，你的如意金箍棒呢？戏里说你给藏到耳朵里了，给我看看，给我看看！"
>
> 悟空："你这小孩儿，叽叽喳喳跟了我一路，俺老孙的脑仁儿都被你吵炸了！能不能让我安静会儿？"
>
> 江流儿："好——"
>
> 悟空："不许再提金箍棒的事儿！"
>
> 江流儿："大圣，二郎神真的有三只眼睛吗？"
>
> 悟空："啊，哇哇——"
>
> 江流儿："好厉害！大圣，大圣，巨灵神是不是力气很大？"
>
> 悟空："很大。"
>
> 江流儿："四大天王是兄弟吗？"
>
> 悟空："是姐妹。"
>
> 江流儿："那哪吒是男孩儿么？"
>
> 悟空："是女的。"

> 江流儿："托塔天王有塔么？"
>
> 悟空："没有。"
>
> 江流儿："那塔里有人么？"
>
> 悟空："哎呀，没有。"

师：读完了，是读文字有趣，还是看电影有趣？

生：看电影有趣。

师：他们说的话我都写下来了呀，怎么读起来就没电影里面有趣呢？

生1：电影里的人物说话时有动作。

生2：还有语气和神态。

师：你们真棒！老师只把他们说的话写下来了，却忘了他们有些什么样的动作、语气和神态。好，看大屏幕，老师继续变。

（出示。）

> 江流儿跑到悟空面前，好奇地问："大圣，大圣，你的如意金箍棒呢？戏里说你给藏到耳朵里了，给我看看，给我看看！"
>
> 悟空气得抓耳挠腮，大声吼道："你这小屁孩，叽叽喳喳跟了我一路，俺老孙的脑仁儿都被你吵炸了！能不能让我安静会儿？"
>
> 江流儿吓了一跳，低声回答："好——"
>
> 悟空伸出食指，指着江流儿的脑门，厉声说："不许再提金箍棒的事儿！"
>
> 江流儿眨巴了一下眼睛，又问："大圣，二郎神真的有三只眼睛吗？"
>
> 悟空气得转过身去，一掌击碎了路边一棵大树："啊，哇哇——"
>
> 江流儿一看，追上去拍手叫好："好厉害！大圣，大圣，巨灵神是不是力气很大？"
>
> 悟空无奈地回答："很大。"
>
> 江流儿又问："四大天王是兄弟吗？"
>
> 悟空回答："是姐妹。"
>
> 江流儿问："那哪吒是男孩儿么？"
>
> 悟空回答："是女的。"
>
> 江流儿问："托塔天王有塔么？"

> 悟空回答："没有。"
>
> 江流儿问："那塔里有人么？"
>
> 悟空回答："哎呀，没有。"

（4）再看微电影，尝试改变提示语。

师：这次写得怎么样？

生：这回好多了，加了很多人物的动作、神态和语气的描写。

师：谢谢你的表扬！还有什么不足吗？

生1：提示语的位置太单调了，全都是"牵羊式"。

师：你批评得对，待会儿再修改。

生2：前面一部分提示语加得好，后面一部分提示语只加了"问"和"答"。

师：有道理。老师要把修改提示语的任务交给你们，能帮老师完成吗？

生：能。

师：拿出作业纸，请你帮老师修改提示语，尽量做到形式多样。修改之前，我们再来看看微电影，一边看，一边思考每一句提示语怎么处理效果好。

（再次播放微电影，生看完后自主修改。）

（5）汇报，重点交流为何不同语言的提示语要采用不同的形式。

师：你都做了哪些改动？先读出来，再说说为什么这样调整。

生1：我用"推车式"改了一句——"你这小屁孩，叽叽喳喳跟我一路，俺老孙的脑仁儿都被你吵炸了！能不能让我安静会儿？"悟空气得抓耳挠腮，大声吼道。提示语变成"推车式"，更能体现出孙悟空忍无可忍，似火山爆发。

师：有道理，孙悟空这几句话好似连珠炮，又快又急。

生2："不许再提金箍棒的事儿！"悟空伸出食指，指着江流儿的脑门，厉声说。"啊，哇哇——"悟空气得转过身去，一掌击碎了路边一棵大树。这两句话的提示语我也改成了"推车式"，因为第一句孙悟空要堵住江流儿的嘴巴，说话很急切，第二句本来就是先气得哇哇大叫，再一掌击倒一棵大树的。

师：你看得仔细，改得好。

生3：我还改了这一句——"好厉害！"江流儿一看，追上去拍手叫好，"大圣，大圣，巨灵神是不是力气很大？"这里用了"挑担式"。江流儿在孙悟空身后叫好之后，再追上去发问，中间可以停顿一下。

生4：我把最后四次对话的提示语全部去掉了。

师：说说你的理由吧。

（投影出示。）

> "好厉害！"江流儿一看，追上去拍手叫好，"大圣，大圣，巨灵神是不是力气很大？"
>
> 悟空无奈地回答："很大。"
>
> "四大天王是兄弟吗？"
>
> "是姐妹。"
>
> "那哪吒是男孩儿么？"
>
> "是女的。"
>
> "托塔天王有塔么？"
>
> "没有。"
>
> "那塔里有人么？"
>
> "哎呀，没有。"
>
> ……

生4：联系上文，我们完全清楚是谁在问谁在答，而且去掉提示语更能体现江流儿好奇心强，一个问题接着一个问题，问得让人心烦。

师：你改得太好了，为你点赞。末尾为何加了一个省略号？

生4：因为我觉得江流儿还会一路问下去，无休无止。

师：言有尽而意无穷。这个省略号，用得妙！

> 评析：此处的妙改得益于前面的妙教。提示语的四种肢体表达法已经即刻吸收，轻松吐纳。"文字有趣还是电影有趣"一问，串联起丰实饱满的"三变"，提示语从"无"到"单一有"，再到"灵动有"。在电影语境中，教师带着学生走两级台阶，最后一阶留白，让学生完成"点睛之改"。至此，文字和电影一样有趣，甚至优于电影，更值得玩味。提示语，妙不可言。

## 板块四　创设情境，创意表达

（1）出示生活情境，写一个对话片段。

师：同学们，人物对话在我们的日常生活中无处不在——学校里，同学之间有争论；家里，爸爸妈妈为了一件小事在吵架；菜市场，奶奶正在和卖菜人讨价还价……这样的场景写到我们的习作里也可以像刚才微电影片段那样生动逼真。下面就请大家拿出作业纸，根据题目所给的生活场景，续写一个对话片段吧，至少用上三种不同形式的提示语。

（出示。）

> 早上，教室里，语文组长过来收作业了。我打开书包，可是怎么也找不着语文作业本了……

（学生自由写作，教师巡视指导。）

（2）交流评议。

师：好，分享时间到。谁来读读自己写的片段？

（投影出示，生读。）

> 组长看我很着急，安慰我说："不要急，慢慢找。"
>
> "嗯，我记得昨天晚上收进书包里了，可怎么突然不见了呢？"
>
> "那一定还在书包里，说不定夹到语文书里去了。"组长提醒我说。
>
> "对，对！"我恍然大悟，"找到了，找到了，果然夹在语文书里！"

师：用上四种提示语啦，真棒！说说你第二句话和第四句话提示语的用意吧。

生1：找不到作业，我很着急，也很忙碌，所以第二句话直接用上"隐身式"；组长的话提醒了我，让我一下子就找到了，所以第四句话又用了"挑担式"。

师：用得很合理，描写很逼真。

（投影出示，生读。）

> 我奇怪地说："作业本哪里去了呢？我明明记得放进书包里了啊。"
>
> "难道作业本长翅膀飞走了？"组长瞟了一眼我的书包，"我看，你是忘写了吧？"

> "你别乱说，我写了的！"听了组长的话，我很生气，"你怎么不相信人？"
>
> "哼，没写作业就说忘带了，这种人我见得多了。"
>
> "你……你……不要冤枉人！"

师：谁来点评一下这位同学的提示语？

生：这位组长太武断啦！"我"被人误解，肯定是又气又急，所以我觉得他用"挑担式"和"隐身式"来写很真实。

> 评析：由改到创，由电影语境到生活语境，步步承接。此处设计有依据：一是生活依据，语境的选题源于真实而熟悉的学习插曲——作业去哪儿了，有话可写；二是心理依据，这个频发事件有趣、有料，可尽情揣度，有戏可看；三是评价依据，两个对话片段的评价指向提示语的形式与表达效果，学而后用。

## 板块五　课堂总结，拓展应用

（1）提问总结。

师：同学们写得好，评得很到位。成功的对话描写能让文字变得绘声绘色，读了使人产生身临其境之感。上完今天这节课，你都有哪些收获？

生1：人物对话很重要，提示语要写人物说话时的动作、神态等。

生2：我最大的收获是不同种类的提示语原来有不同的作用，并不是随便乱用的。

师：是啊，这就是语言形式的秘密。齐读——

（出示。）

提示语，真调皮，抓动作，绘表情，形式多变好神奇。

（2）布置作业。

师：这节课就上到这里。课后请同学们从自己以前写过的习作里挑出几个对话片段，改一改提示语，力争做到形式多样、效果好。

评析：语言形式有秘密，是结课，也是开启。"调皮"的内涵是丰富的，不仅有看得见的形式变化，更有看不见的语感判断，情态斟酌。无论是教师的教，还是学生的学，单纯从现时的有效性去评价仍是浮光掠影。课堂之外，有更广阔的言语实践现场，课中习得的对话形式、对话思维化入生活，是为"生长"。

　　总评：

　　看到"提示语"，有经验的老师最直接的反应是"位置"和"语气"。更具体一点说，是"前中后"，以及"怎么样说"。是的，提示语的位置、语气及由此带来的标点变化是对话写作中绕不开的教学难题。王华星老师为提示语冠以"调皮"的特性，顺应儿童的心理，这点极妙！的确，提示语是一个调皮的孩子，它变幻莫测，琢磨不定，颇有点"捉迷藏"的游戏味道。

　　游戏里有秘密，对话里有门道。面对一节冒着活泼的生命气息的课，我不想以言语实践本身进行微观分析，从另两个视角去看，足以见其不同：

　　一、站在"技术主义"之上

　　不规避难点，不抛离教材，华星老师总能站到一个疑难问题的制高点思考教学，做出简而丰的回答。然而，对于提示语的教学，我最担心的是"技术主义"，因为有太多"唯技术"的教学实例。如果仅从"有效"的视野来判断，用技术化的眼光看待和解决问题，当然没有错。可喜的是，华星老师迈出了这一步。他的课堂让我看到了可以触摸到的另一种可能性。

　　教师的设计线与学生的学习线并进，思维交汇处便是智慧生长处。梳理本课教学的逻辑推进与展开策略，言语思维次第打开：有声与无声两版视频的对比中，语言被"看见"；文本解码中探寻同与不同，培养发现思维，"听见"语感的拔节；动画短片的对白改写，从方法运用走向情绪感知。更妙的是，第四板块"创设情境，创意表达"，从影视现场回到了儿童的校园生活现场，选择了颇具戏剧色彩的事件。此过程中，提示语已不是技法，而是作为进入情境的通道被运用。"隐身式"与"挑担式"两种提示语的交错运用验证了"学结构，用结构"的长程设计连贯而有效。

　　二、电影与生活的比较回放

　　电影对话与生活对话是本课的核心板块，所有的教学内容与此关联。华星老师对电影中的写作元素捕捉极敏感。对于电影，他既有准确的选择眼光和价值判断，又有将其镶嵌入课的设计力。本课教学，电影资源共运用了两次。一是有声与无声对比，在"失语"的迷惑中感受对话的功能；二是利用孩子喜爱而熟悉的微动画短片营造对话语境，在渐变中让提示语入境。生活语境创设了一次，即"作业去哪儿了"，这个话题很有料，简直是一出作业戏。

（一）为什么电影先于生活

课中，老师在电影、文本、生活间搭建了学用关系。两次借用电影媒介，先指向对话的必要，再指向如何对话。在如何对话的练习中，给予言语支架，改写提示语。生活语境的写作则是更综合的言语思维活动。对话不是给定的，而是创写的，随之生成的提示语构成对话本身的一部分。

为什么用电影来教？又为什么电影先于生活？我始终以为，语境是要有设计感的。电影是设计的艺术，是精致的表达。没有艺术的铺垫，生活表达则过于直白。课中的两个微电影片段分别是《家有儿女之神秘的礼物》《西游记之大圣归来》，兼有儿童性和对话性，在儿童喜欢的故事语境中展开对话，学用提示语，营造了生动的艺术现场。电影语境，一虚一实，半扶半放，直接作用于"教"；生活语境，考验课堂的生成，直接评价"学"。进一步说，看似课堂的生成，实则是生活的生成。

（二）电影与生活的调皮承接

课堂的推进节奏是活泼的，这与"调皮的提示语"非常契合。这种与儿童心理对应的课堂精神，在我看来极其可贵。电影与生活的承接充满未知的精彩：

【片段一】

生：我把最后四次对话的提示语全部去掉了。

师：说说你的理由吧。

生：联系上文，我们完全清楚是谁在问谁在答，而且去掉提示语更能体现江流儿好奇心强，一个问题接着一个问题，问得让人心烦。

师：你改得太好了，为你点赞。末尾为何加了一个省略号？

生：因为我觉得江流儿还会一路问下去，无休无止。

师：言有尽，而意无穷。这个省略号，用得实在太妙！

【片段二】

师：用上四种提示语啦，真棒！说说你第二句话和第四句话提示语的用意吧。

生：找不到作业，我很着急，也很忙碌，所以第二句话直接用上"隐身式"；组长的话提醒了我，让我一下子就找到了，所以第四句话又用了"挑担式"。

师：用得很合理，描写很逼真。

（师投影，生读。）

师：谁来点评一下这位同学的提示语？

生：这位组长太武断啦！"我"被人误解，肯定是又气又急，所以我觉得他用"挑担式"和"隐身式"来写很真实。

在两个核心的提示语运用板块，一个来自电影，一个来自生活，支架先有再无。从电影语境跨越到生活语境，活跃了提示语，创生了对话。无论是电影还是生活，提示语就是当时的情境，人物的语言就是现场的对白。在提示语的作用下，对话才充满生活的节律。

（评析人：丁素芬）

## 全国著名特级教师周一贯先生点评

面向未来的教育重在提升人的核心素养。为此，"在统整中超越"也就成了语文课改的主旋律。小学习作教学在引导学生真实地、自由地表达生活、交流思想的过程中，教师实行多角度、多要素的整合，无疑是拓展学生视界、丰富他们的见闻和体验，从而在丰富表达中提升认识的有效举措。

王华星老师这节"微电影习作课"的教学。正是较好地体现了"在统整中超越"的课改理念。它不是单一地在反映真实生活中提高写作能力（当然，反映真实生活是十分重要的写作教学策略），而是以教材《可贵的沉默》场景描写中的对话为抓手，切入对话中的"提示语"为写作指导的重点，体现了"读写融通"的自然对接。为了唤起学生对这一重点的生活体验，又两次借助"微电影"的教学资源，完成了对这一写作知识从感性到理性的认识升华。前一次是《家有儿女》影视片段的"无声版"与"有声版"的比较，从而认识对话有声的重要意义。第二次是《西游记之大圣归来》中的"丛林对话"片段，比较"对话"中提示语有无的重要作用，进入写作指导的核心环节，又为独立的写作训练做好了关键性的铺垫。

在上述的教学过程中，教师对学生写作的引导和指导相当细腻和扎实。这里值得关注的要诀在于"比较""讨论"和表格化的"归纳"，从而使"提示语"的"调皮"尽显原形，"提示语"的"运用"落到实处。

当下，小学作文教学中的热点话题之一是教师要不要指导写作知识。这里有主张老师必须精准地教必要的系统写作知识，更有主张写作贵在表达自由思想，交流真实情感，不宜以过多的所谓写作知识、表达技巧束缚孩子的手脚，甚至因为机械运用写作知识、技巧而遮掩了思想的真实性和自由度。其实，这个问题的实质不是在于要不要指导，而是如何指导。本案对提示语的运用教学，特别在依托教材，开发微电影教学资源上花功夫，重在开拓视野，激活学生的写作意识，让"知识"真正为表达、交流思想服务，这一点是很值得我们借鉴的。

有人问作家巴金："您写出那么好的作品，一定有很多优秀的写作技巧吧？"不料，巴金回答："要说我的写作技巧只有一条：无技巧"。

当然，作为一个大作家，他怎么可能仅凭技巧来写作呢？深刻睿智的思绪，出神入化的运笔，早就超越了所谓技巧的范畴。但巴金的"无技巧"并不等于写作的"无技巧"。对初学写作的人来说，作文当然有知识，有技巧。但我们必须更深地理解：写作从本质上来说是真实思想的自由表达和交流，过分关注知识和技巧，反而束缚了思想。那么，这两者的关系应当如何处理？本案的呈现对我们还是颇有启示的。

一、设计"读写一体"，是合理的逻辑起点

小学生的习作指导不宜对他们系统地讲写作知识和写作方法。如能从阅读入手去琢磨表达，应当是一个不错的切入点，当然也就成了习作指导课的合理起点。《可贵的沉默》是人教版第6册教材的第17课，课文为我们展示的生活故事是老师在课堂上问"爸爸妈妈知道你的生日在哪一天吗？""生日那天，爸爸妈妈向你们祝贺吗？"课堂上小手林立，说得踊跃。可是，当问到"你们中间有谁知道爸爸妈妈的生日？""向爸爸妈妈祝贺生日的请举手"时，却变得寂然无声。这里在回答迁移问题时课堂上的场景，有一番热烈的师生应答，自然也少不了各种形式的提示语。教师由此入手让学生去关注描述生活场景中提示语的灵活运用，无疑是本次习作指导的合理起点。究其合理性在于，这一阅读文本有很强的生活氛围和现实意义。现在以"提示语"的运用为主导，重读、重温这篇课文，会使学生深切地感受到细致阅读、边读边思的重要，原来在我们原先认为普普通通的课文中还有着那么多应该思考、可以学习的内容。另外，还会使学生明白应当多从阅读中学写作。读写是一体的，阅读中可以多研究人家是怎么写的。从这样的角度认识，这个"出发点"的选择实在是本课走向成功的重要起步。

二、设计"微型视频"，作"激思"的推进重点

所谓"微型视频"，就是从影视或网上截取的，为教学所用的资料片段。在"互联网＋"的当代课堂上，教学资源的多元融入已成为常见手段。在本案中引入的两个视频片段：一是电视剧《家有儿女》的"无声版"和"有声版"，一是动画片《西游记之大圣归来》中的"丛林对话"，在教学中发挥了重要作用。这就是借助形象化的生活画面激发学生思考，从而使其更深地认识到对话中提示语的重要作用。如果说前者从"无声版"到"有声版"还只是体现着人物的言语在推进情节和营造氛围中的重要作用，那么后者更凸显了本课的主要教学目标：有恰当提示语的对话和无提示语的对话之重要区别，从而使学生能更深刻地体悟到提示语的多样形态和重要作用。写作中提示语的使用，孤立地

看，也许只是一项写作知识或技巧，但若能将其融入生活，并与表达思维活动相向而行，共同生成于作文教学之中，这种精准的、有助于在主张真实的自由表达基础上的写作知识、技能的习得就显得十分必要了。

三、设计"讨论比较"，有"言说"的训练优点

写作从根本上说是一种书面"言说"。书面言说的能力受益于口头言说的练习，由"说"到"写"是作文训练的必要途径。本案十分重视"讨论比较"，在"设计"中先后有四个回合：一是播放《家有儿女》"无声版"与"有声版"的比较与讨论，明白人物对话的重要性。这是在讨论中认知对话意义的"言说"，是初步的言说训练，也是为进入主题必须的由浅入深的导入。二是针对课文《可贵的沉默》开展了再谈再议，从圈画关键词到理解揣摩文中人物的心理活动，进而从口头汇报中感知提示语的四种不同存在方式。三是从感知提示语里有丰富的表达效果，进而细致讨论这些效果的具体作用。这是更接近技巧表述的语言提升。四是从《大圣归来之丛林对话》的一般叙述与使用提示语文学性描述的比较讨论，让学生能形象地感知并言说提示语的重要作用，达到由感性到理性的认知。显然，这样的安排设计是别具匠心的，它体现了步步为营，稳扎稳打，保证了学生对写作知识、技巧的学习与教材、生活的紧密联系，使学生学得生动自然，不枯燥乏味。这样处理一方面避免了写作知识过分理性的灌输，而令学生畏难，另一方面又在比较讨论中进行了大量有关这方面的言说训练，将写作知识水乳交融地汇入学生的言语贮存之中，而成为生命认知的一部分。

四、设计"表格归纳"，成提升的梳理要点

比较讨论很重要，但不可缺失了归纳。归纳是在拓展的基础上走向统整之前必然应有的梳理过程，是比较讨论提升到本质化、条理化、形成结论的不可或缺的中介环节，也是认识由感性上升为理性的必经过程。执教者在本案中有着两次归纳，并以表格式（非连续性文本）总结：第一次归纳是"提示语"的四种体式并分别命名，形象而生动；第二次是对课文《可贵的沉默》中对话的提示语之表达效果的剖析，实现了由读而写的延伸。显然，这一环节设计的意义在于系统地促使由感性认识上升到理性的关键引领，从而达到了对以生活为基的写作知识、技巧的认知，无疑是本课教学的主旨所在。

五、设计"生活小品"，为实践的练习基点

作文教学是基于写作实践的教学。学生的写作实践活动是最重要的活动。尽管写作指导课型可能会更多地顾及写作知识、技巧的研讨和引导，但教师也应尽可能地与写作实践相联系，不至于流落为纸上谈兵。本课最后安排有两个环节：一是布置学生写一个"生活小品"，要求用上三种以上的提示语。以"生

活小品"来实践表达，可以更加凸显写作的意识和本质要求。"生活小品"虽然可以短小，但毕竟会使学生有一种进入"创作"的仪式感，而不是做枯燥乏味的练习。二是学生写成的"生活小品"有一次当堂反馈、交流提升的机会。应当说，这一环节的安排比什么都重要。

# 巧借鸳鸯度金针，心有灵犀一点通

## ——《观微电影，学写内心独白》实录与评析

### 板块一　图片激趣，引出话题

师（出示图片）：同学们，看看这张有趣的图片，知道这只狗狗在想什么吗？

生：小主人，很疼的。

生：小主人，求求你别拉了，嘴都被你拉大了，不好看。

师：你是从什么地方知道了它的心里想法呢？

生：小狗的眼神很无助，很委屈。

师：大家很善于观察，这小狗，眼神里分明写满了委屈啊。（出示上面右图）再来一张，这只猫咪又在想什么呢？

生：对不起，我错了。

生：主人，饶了我吧！我就偷了一条鱼干，还没来得及吃呢！

师：你简直就是它的知音啊，从什么地方看出它的想法的？

生：它缩在墙角里，眼神里流露出一丝恐惧。

生：它把两条前腿举起来，好像在举手投降。

师：大家都是解读心语的高手，善于抓住表情、眼神或者动作来破译。动物跟人类一样，也有着极其丰富的内心世界，也有喜怒哀乐，它们或淘气，或高冷，或聪慧，或善良……尤其，它们也像人类一样有爱，有恨。

点评：看图说话，直观有趣，不知不觉中，学生已然切己代入，察外表，寻心迹，直接指向本课教学的核心目标。开课设计好，素材选择妙，于平常处见深意。

## 板块二　文本介入，初探秘妙

师：有一位著名的作家，他写的动物小说，相信同学们都非常喜欢。他就是——

生齐声：沈石溪。

师（出示文本片段）：看，这就是他的代表作《狼王梦》中的片段。

> 怎么办？怎么办？紫岚心乱如麻，拿不准主意。
>
> 也许我应该钻进松软的积雪里，把自己隐藏起来，等猎人走近捕兽铁夹时，冷不防蹿出来，咬断猎人的喉管，咬死一个够本，咬死两个赚一个。但是这办法似乎也很难行得通，倒不是我紫岚怕死，而是不等我蹿跳，机警的猎狗会在积雪下找到我，把我团团围困住，我最多只能和一条狗同归于尽。
>
> 也许我应该紧紧守卫在蓝魂儿身边，不让猎人和猎狗接近捕兽铁夹，不，这主意更愚蠢，非但救不了蓝魂儿，还会白白送掉自己的性命。
>
> ——沈石溪《狼王梦》

师：片段中有两个主人公：紫岚，一匹出色的母狼，它梦想着将自己的孩子培养成狼王；蓝魂儿，紫岚的孩子，承载着母亲的狼王梦。大家认真听读，思考你从这段话中读出了一只怎样的母狼？是从什么地方感受到的？

（生听读思考。）

师：大家听得很认真，一定有话想说，谁来说说感受？

生：紫岚很爱自己的孩子，十分着急。

师：从哪里读出来的？

生：怎么办？怎么办？紫岚心乱如麻，拿不准主意。

生：它临危不乱，很冷静。

师：你是从什么地方读到的？

生：虽然母狼开始有些慌乱，但是它在想办法救蓝魂儿。

生：她还想到了这些方法都救不了蓝魂儿，想到了这方法可能带来的可怕后果，所以她没有轻举妄动。

师：是的，这段心理描写仿佛是紫岚在自言自语，我们也可以称之为"内心独白"（板书：内心独白）。读这段文字，我们感受到了它内心的纠结和超凡的智慧，见证了动物世界里的母爱——这就是内心独白式心理描写的妙处。我们再看看这段话，你觉得内心独白可以写些什么内容呢？

生：写焦急。（板书：焦急）

生：还写了紫岚在思索方法，想象后果。（板书：思索方法，想象后果）

点评：绝妙的名作语段呈现，引入内心独白，解构其写作内容，体会其表达效果，为后续的电影独白提供范式。表达视野下的文本阅读，闪耀着独特的价值光芒。

## 板块三　观看电影，尝试代言

师（出示《丛林赤子心》海报）：作家写得那么细致，下面我们也来试试。老师给大家带来了一部电影——《丛林赤子心》，迪士尼公司拍摄的一部特别的电影，演员全部是动物。

师：这是电影海报，海报中的小狗就是主角班吉。除了班吉，其他角色还有——

（生读图文，了解主要人物：班吉、豹崽、大黑狼）

师：他们之间会发生什么样的故事呢？

生：班吉收养了豹崽，大黑狼要吃豹崽，于是班吉跟大黑狼之间开始了一场恶战。

师：班吉能获胜吗？

（生七嘴八舌：不能。绝对不能。怎么可能？有可能！）

师：可以肯定地告诉你们，班吉战胜了大黑狼，而且胜得很漂亮！

师（出示两张电影截图）：这两张图片一张是班吉刚刚遇到大黑狼时的，一张是获胜之后的。你们能猜出哪张是遇险时的，哪张是胜利后的吗？注意观察它的眼神。

生：第一张是遇险时，第二张是胜利后的。

师：你是怎么发现的？

生：第一张班吉的眼睛睁得圆圆的，说明他很紧张；第二张眼睛都眯成了一条缝，咧开嘴笑了，说明他很开心。

师：观察仔细，判断准确。我们一起来看电影。

（播放电影片段，几秒钟后暂停）

师：当班吉发现黑狼要吃豹崽的时候，它在想什么？

生：想办法救豹崽。

师：你就是班吉，你能想出什么办法？

生：把狼引开，离豹崽越远越好。

生：声东击西，调虎离山。

师：好个"调虎离山"！这里就是调——

生大声：调狼离豹！

师：我们继续看电影，看看班吉是怎么把大黑狼引开的。

（继续播放，看完交流）

生：不断地激怒大黑狼，让它丢下豹崽来追赶自己。

生：挑衅大黑狼，让他发怒。

师："挑衅"这个词用得太棒了！但是班吉用什么办法激怒、挑衅大黑狼？

生：班吉攻击大黑狼，咬它的尾巴，还跳到大黑狼背上咬它。

师：看得很仔细！班吉为什么不跟大黑狼硬拼呢？

生：如果真打起来，班吉肯定打不过大黑狼的。

生：大黑狼那么高大凶猛，班吉那么弱小，不能硬碰硬，只能智取。

师：对，这就是班吉的智慧。故事的结局如何？

生：班吉把大黑狼引到悬崖边上，自己躲进灌木丛里，而大黑狼纵身一跃，掉下悬崖摔死了。

生：班吉熟知地形，巧借悬崖除掉了大黑狼，永绝后患。

师：是的，班吉临危不惧，思前想后，周密谋划，以弱胜强。如果要送给班吉一个美称，你会送什么呢？

（生纷纷夸赞：智犬、灵犬、神犬、智勇双全的班吉）

师：评价都挺高啊！面对强敌，班吉在短时间内想出了周详的计划，战而胜之，的确让我们折服。我们能不能替班吉把战斗前的内心独白说出来呢？可以仿照《狼王梦》选段来说，用上"可以""如果"等词引出想法，把同学们刚才说到的一些精彩词语用上去。

（生根据提示，同桌互说后汇报交流）

班吉急匆匆从远处跑回来，它被眼前的一幕惊呆了：三只豹崽正悠闲地坐在地上，黑狼留着口水，正一步步逼近它们。该怎么办？班吉想：

生：可恶的大黑狼又来了，我不能慌。我一定要想个办法，不然豹崽们就保不住了。

师：要说清楚具体想了什么方法，不然体现不出班吉的智勇双全啊。

生：不能怕，我一定要想个办法。我可以把该死的大黑狼引开……对，我要不断地挑衅它，激怒它，让它冲我来。把它引到哪里去呢？哦，我想起来了，上次带豹崽们捕食的时候，发现不远处有个悬崖，我可以把它引到那里去，让它掉下去，永绝后患。对，就这么办！

师：多么机智的班吉！怎么激怒大黑狼的呢？谁能进一步补充，说得更详细一些？

生：怎么办？我不能慌。不能跟它正面交锋，否则就是死路一条。我要想办法把它引开。我可以从后面攻击，咬它的尾巴，我还可以爬到那块大石头上去，跳到大黑狼的背上咬他，等他回过头来，我就跑……把他引到哪里去呢？对了，上次发现山那边有个悬崖，我把他引到悬崖边摔死他，这样就永绝后患了。对，就这么办！

师：此处应该有掌声。同学们，我们通过寻思方法、想象后果、回忆往事等方法，把班吉的内心活动说得明明白白，说出了它的冷静、沉着。

> 点评：有了名篇语段的铺垫，有了扣人心弦的影视作为支架，学生的言说如流水汩汩。老师的及时追问，起到了思维导向的作用，将习作知识转化为程序性知识，进一步优化了言语品质。由此可见，表达技能不是传授所得，而是在实践之中习得。

## 板块四  由物及人，独白配音

师：刚才小试牛刀，同学们表现很棒。为了奖励你们，老师又带来了一部电影——《另一只鞋子》。这部微电影没有人物对白，大家在观看的时候一定要仔细观察两个男孩的表情、动作，想一想他们各自在想什么。待会谁看得仔细，写得丰富，老师就请谁现场给电影配音。

（看完电影，定格镜头。）

师：请仔细观察四幅截图，回忆电影情节，你从人物的表情、动作里分别看出了什么？

生：从第一张图中，我看出了男孩对新鞋子的渴望和羡慕。

生：我从第二个镜头中看到了男孩内心的纠结——他可能在犹豫要不要把鞋子还给它的主人。

师：那他为什么最后又决定把鞋子送还给主人呢？

生：不是自己的东西不能要。

生：可能想到火车上的男孩失去了心爱的鞋子也很难过。

师：是的，这就叫将心比心，换位思考。

生：第三张图中，火车上的小男孩决定放弃另一只鞋子。

生：我从最后一幅图片中看出了小男孩的高兴与感激之情。

师：四张图片，我们读出了羡慕、渴望、犹豫、放弃、成全、高兴、感激……下面拿起笔，从上面四个镜头中任选两个，补写人物的心理活动。

（生补写，师巡视指导后，指定四名学生与老师合作给电影配音，师旁白，生独白。）

师：人字拖怎么也修不好，小男孩很泄气。当他看见另一个小男孩穿着一双黑得发亮的皮鞋走过来时，心想——

生：多么漂亮的黑皮鞋啊！我从来没看到过这样锃光发亮的鞋子！如果我也能拥有一双这样的鞋子，那该多好啊！唉，哪怕只是摸一摸也好啊！

师：小男孩走过去捡起那只皮鞋，小心翼翼地捧在手里，他有些犹豫了——

生：我该怎么办？还回去吗？不，舍不得，这可是我梦寐以求的！可是，不还回去，鞋子的主人会很难过的，看得出来他也是很喜欢这双鞋子的，不允许沾上一点灰尘。对，我不能这么自私，我还是还回去。

师：被抛起的鞋子撞在列车的玻璃窗上，又无情地滑落下来。鞋子的主人沮丧极了，但是转念一想——

生：那个孩子为了我的鞋子那么拼命地跑，虽然没成功，但我还是该好好感谢他。与其那只鞋子拿回不来了，不如干脆把这另一只鞋子送给他吧。这样他就有鞋穿了，我的鞋子也不孤单了。

师：小男孩终于拥有一双属于自己的崭新的鞋子了，他心潮澎湃——

生：谢谢你！是你让我终于拥有一双漂亮的鞋子！我会像你一样爱护这双鞋的！再见，我会永远记住你的！

师：谢谢四位同学的精彩演绎，你们的内心独白让我们看到了两个孩子善良、美好的心灵。内心独白除了黑板上写的这几种，还可以有哪些内容呢？

生：还可以回忆往事。

生：还可以替人着想，将心比心。

师：我们在描写人物心理活动时，可以像描写人物语言一样，用上一些提示语。内心独白，可以有哪些标志性的词语呢？在作业纸上找一找，圈出来。

生：心想、转念一想、犹豫、心潮澎湃。

师：还可以有更多，如默念、念叨、暗自庆幸等。在这些提示语后面加上冒号或者逗号，就可以引出内心独白，通常独白的内容不需要打双引号。

> 点评：这个板块，体察对象由物及人，教学策略由扶到放，表达秘妙由内容拓展到形式。先观影感知，再定格镜头、补白心理，最后为电影配音，给学生创设了极好的言语实践场。"鸳鸯绣出凭君看"，作为媒介资源，无论是文本还是图影，要"看"出其语用训练的价值和路径，"更把金针度与人"，是需要师者匠心与设计力的。

## 板块五　课堂总结，拓展延伸

师：今天我们一起认识了一匹爱子心切、沉着冷静的母狼，一只智勇双全的小狗班吉和两个心地善良的小男孩，我们都被他们的故事深深打动了。这一切要归功于设身处地，角色代入，走进人物的内心，倾听他们的心声。看电影、读故事要这样，写作文同样应如此。在习作中用上心理描写，我们笔下的人物才更有灵魂，我们的文章才有灵气。（板书：人有灵魂，文有灵气）只有这样，我们写的文章才能打动别人。课后，请同学们任选课上看过的一部微电影，创编一个故事，用上内心独白式的心理描写。

> 点评：阅读文本，"悦读"视频，在角色代入、为他人代言的过程中，"读""写"完美耦合，课后的故事创编只为预约精彩。如能当堂练写"生活小品"，这节课的教学价值就更高了。

总评：

我们课题组开发的这节习作课，文本与视频相结合，双微视频介入，直指核心教学目标——探究内心独白的表达效果与写作方法，并在实践中运用。设计精妙，教学有实效。

一是教学价值高。内心独白式的心理描写看似简单——怎么想就怎么写。其实不然，大多数学生习作写得干瘪，形如"我难过极了""我太高兴了""我很生气啊"等。其描写的内容、形式、方法、表达效果，如果老师不道破，不指导，心理描写就不丰富，不细腻。这个习作知识点往往因其貌似简单而极易被老师忽视。而这正是我们开发这节课的初心。

二是媒体介入巧。第一步开课趣图引入，观察动物表情和动作想象心理，快速切入教学重点；第二步进入动物小说心理独白语段，解析表达内容与效果，初步认知，为后续表达提供支架；第三步引入"智斗恶狼"的微视频，与"紫岚独白"的文本形成同质异构，同样的面对强敌、保护弱小，同样的思想斗争、寻思方法，表达的难度得以降低，梯度得以减缓；第四步借助微电影《另一只鞋子》创设迁移运用的语境，可谓步步为营、水到渠成。

三是策略运用妙。整节课通过多种媒介创设了有情趣、可视化、真实可感的语用情境，运用猜测印证、移情体验、类比关联等思维策略，通过发问、追问、点拨等方式巧妙引导，在师生协作、生生协作的多层次、多途径的对话中实现了习作知识和技能的自主建构。

（本课执教人：张秀珠）


# 关注爱的细节 学会真情表达

## ——《鹬》的创意习作与评析

### 板块一　引入观影话题，聚焦矶鹬妈妈

《鹬》这部动画电影你们喜欢吗？（喜欢）

那我们聊聊，这部电影最吸引你的是什么？

预设：精美的画面；可爱的人物形象；有趣的情节；感人的主题（成长、友情、勇气等）。

老师特别欣赏小矶鹬的妈妈，我觉得导演塑造了一个非常成功的妈妈，有和我一样喜欢她的吗？你为什么喜欢她呢？

预设：放手——有智慧；引领——有方法，有爱心等。

是的，放手是一种更深沉的爱。爱孩子，是一切动物的本能。这节创意写作课，就让我们向影片导演学一学，如何让我们笔下的爸爸妈妈也能有爱、感人。

（板书课题：关注爱的细节 学会真情表达）

评析：从聊有趣的动画短片开始，直接切入习作的主题，高效、聚焦。

## 板块二　抓住母爱细节，梳理写作要点

（1）让我们重温影片中的精彩片段，请大家关注，矶鹬妈妈有哪些爱孩子的具体表现。

（2）播放小矶鹬第一次捕食片段。

（3）在刚才的片段中，妈妈的哪些表现让你看出她的爱？

预设：学生仍然围绕"放手"这一话题谈感受。

（4）播放"起床"慢动作片段，再请学生仔细看。

①妈妈怎么叫小矶鹬起床的？

预设：轻轻地，温柔地，用喙推。

对，这是妈妈的动作！（师抱住一个孩子做动作）这样的动作给你什么感觉？预设：很亲密。

（板书：亲昵的动作。）

②听，妈妈发出的叫声。你听出叫声的含义了吗？

预设：呼唤小矶鹬去吃食，

你能给我们翻译一下矶鹬妈妈说的话吗？

预设：孩子，宝贝儿，快来吃吧，早餐准备好了。

听到这样的呼唤，你什么感受？

预设：亲切、温暖。

（板书：温暖的话语。）

（5）大家一定注意到，妈妈呼唤小矶鹬来吃扇贝时，还有一些细节吧。

（出示截图，引导学生观察妈妈的表情）

她的脸上有没有什么表情？

预设：微笑。

这是怎样的微笑？

预设：鼓励的。

眼睛是心灵的窗户，眼神有吗？

预设：有，充满爱意，注视着孩子，期待地看着，好像在鼓励孩子快飞过来。

一举一动总关情，这就是——关爱。

（板书：关爱的神情。）

（6）老师把大家说的整理成一段文字，你们看能还原这段温馨的场景吗？配乐诵读。

> 清晨的第一缕阳光照进了矶鹬的窝里，妈妈站起身来，在她的身下，一只毛绒绒的小矶鹬正在酣睡。妈妈温柔地呼唤睡梦中的小矶鹬："宝贝儿，快起床啦，我们要吃早餐啦！"她边说边用长长的喙轻轻把小矶鹬推出温暖的巢穴。"不嘛，别叫我，我还要睡。"小矶鹬一边咕哝着，一边又钻到妈妈的肚子下面。妈妈笑眯眯地将这小毛球推出了窝，一边拍着翅膀飞向海滩，一边回头呼唤她："快来，宝贝儿，妈妈带你去吃美味的早餐！"长长的海滩上遍布着可口的扇贝，很快，矶鹬妈妈就啄来了一只。她啄开这贝壳，回头望望还不知所措的小矶鹬，她的脸上写满了鼓励："孩子，快来吧，到妈妈这儿来，扇贝肉可好吃了！"

（7）学到这里，你破解"真情表达"的密码了吗？

（8）可别小看这些看似不起眼的细节，妈妈的爱就藏在这些细节里呢，当我们抓住了这些，文字就有了画面感，就能打动读者。

> 评析：这个板块的教学就是典型的"看视频学表达"训练。教师通过播放视频、定格截屏图片等方式引导孩子关注细节，从镜头语言中破解传递真情的密码，直观、有效。

## 板块三 引入范文片段，升华父母情感

（1）下面考考大家，在以下这段场景中，你能不能找到隐藏的"爱的密码"？（出示文本片段。）

> 爸爸接过考卷，仔仔细细从头到尾看了一遍，边看边不时地摇头，最后他长长地叹了一口气，严厉地责怪道："你这丫头，总这么粗心，将来是要吃大亏的。来来来，爸爸再把这几题好好给你讲一讲。"听了爸爸的话，我紧张的心放下了，可是眼泪却像断了线的珠子一样，"吧嗒吧嗒"地直掉下来。爸爸用宽厚的手掌擦掉我的眼泪："傻丫头，哭什么？坐好了，听爸爸给你讲解，好好订正，咱们下次肯定能考好。"泪眼婆娑中，爸爸正用满含期待的双眸注视着我，我赶紧擦掉眼泪坐了下来，心中暗下决心，一定不辜负爸爸的期望。

（2）生抓住板书交流"爱的细节"。

（3）文中的爸爸虽然爱孩子，但和矶鹬妈妈的表现略有不同，你能说说哪里不一样吗？

预设：多了一层严厉。

这就是父母的良苦用心呀。爸爸的爱激发了"我"前进的动力，这是"爱的力量"。

（4）孩子们，我们找到的这些"密码"归纳起来是直接描写爸爸妈妈的，属于"正面描写"。除此之外，还有没有其他招数，也能让读者读出这份爱呢？

请大家看这段画面（播放视频片段）

这是什么时候？

预设：小矶鹬成功了。

（5）小矶鹬绕着妈妈欢叫着，转着圈，她想要表达什么呢？

预设：对妈妈的感激、成功的兴奋等。

她的表现能和妈妈的爱联系起来吗？

预设：感激妈妈的放手，感激妈妈"爱的教育"。

（总结板书：内心的感动 直接抒情。）

（6）回到刚才的片段，小作者是怎样直接抒情的，你发现了吗？

> 评析：范文的出示与赏析意在印证和强化从微视频中发现的习作知识。为走向文本，走向自主的书面表达搭桥。微视频的再次介入，补充直接抒情的表达手法，必要、且有梯度。

## 板块四　回忆爱的细节，精心选择题材

（1）小矶鹬不就是我们成长的缩影吗？从小到大，父母呵护你，陪伴你，鼓励你，也鞭策你，请大家回忆，有没有最打动你，给你留下深刻印象的一个瞬间？

（2）带来几幅图片，给大家一点启发。

（3）生交流，提示：要求说清楚，在这个片段中，哪些地方，爸爸妈妈的什么表现最能看出他们爱你。

> 评析：从微视频和范文语境跳出，走向火热的生活，走向自我表达，是教学本课的终极意义。为了唤醒学生的生活记忆，出示几幅图片是及时的、管用的，这是打开生活积累宝库的钥匙，也是共振激情的触发器。

## 板块五　尝试片段写作，评价交流指导

（1）现在，我们就来写一写父母对自己关怀备至的小细节。老师有这样几个基本要求：不要写起因，直接描写最能看出父母对你的爱的场景，给大家10分钟时间，既要写得好，又要写得快。

（2）要通过四个方面，正面描写出父母对自己的"爱"，还要写出自己内心的感动，如果得到四颗星，就挑战成功。先写完的，可以对照这个评价表，给自己打分。

| 评价内容 | | 自　评 | 互　评 |
|---|---|---|---|
| 正面描写 | 亲昵的动作☆ | | |
| | 温暖的话语☆ | | |
| | 关切的神情☆ | | |
| 直接抒情 | 内心的感动☆ | | |

（3）学生写作，老师巡视指导。

（4）交流评价。

（5）总结：今天我们写的只是爱的一幕，如果要把它拓展成一篇完整的文章，还需要加上这些内容。

> 第一部分　交代起因
> 第二部分　场景铺垫
> 第三部分　爱的一幕
> 第四部分　抒发情感

请同学们回去自拟题目，将这感人的一幕变成感人的篇章。

> 评析：趁热打铁，当堂练写，习作的精彩自然如约而至。在评价表和习作提纲的辅助下，学生成篇习作的完成也必将水到渠成。

（本课执教人：江苏南京　龚雅瑜）

# 须得东君轻借力　望中别有一枝红

## ——六年级《微电影与环境描写》课堂实录与评析

### 板块一　名篇引路，体情悟景

师：咱们先来玩个游戏——看景物猜心情。（PPT 出示，学生默读思考）

时候既然是深冬；渐近故乡时，天气又阴晦了，冷风吹进船舱中，呜呜的响，从篷隙向外一望，苍黄的天底下，远近横着几个萧索的荒村，没有一些活气。我的心禁不住（　　）起来了。

A. 悲凉　B. 激动　C. 温暖

生：我觉得应该选 A——悲凉。

师：和他观点一致的请举手？（全体学生都举起了手）这段文字选自鲁迅先生的《故乡》，看来大家也具备了当一名大作家的潜质。那么，谁能告诉老师为什么一定要选悲凉，是哪些意象给了你悲凉的真切感受呢？

生：天气是阴晦的，阴沉沉的天让人感到很悲凉、郁闷。

生：本来就是深冬，冷风还在呜呜地吹，呜呜地响，让人更感悲凉。

生：天底下一片苍黄，毫无生机，也是悲凉的。

生：荒村萧索，没有一点生机与活力，也写出了悲凉。

师：听了同学们的发言，老师豁然开朗，原来作者笔下的每一处景物都体现了文中"我"悲凉的心境！景中有情啊！

师：我们再来一个——看心情猜景物。（PPT 出示）

半夜里听见（A. 清脆的雨声；B. 繁杂的雨声），早起是（A. 晴朗的天；B. 浓阴的天），我觉得有些烦闷。

生：两个都选 B。

师：为什么？

生：繁杂的雨声和浓阴的天气都让人觉得烦躁。

师：如果是"清脆、晴朗"，那么通常对应的是——

生：快乐的心情。

生：愉快的感觉。

师：这段话出自冰心的散文，她选用的也是这样两个词组。601 班的孩子们太棒了！掌声送给自己。

师：近代著名学者王国维，他说过这样的话："昔人论诗，有情语、景语之分。殊不知，一切景语皆情语也"。"景语"指对景物的描摹。"情语"指对情感的抒发。（板书：景语、情语）你是怎么理解"一切景语皆情语"的呢？

生：作者在文章中写景通常是用来表达情感的。

师：理解完全正确！很多写人记事的文章都是借景抒情、以景寓情的，写景只是手段，抒情才是目的。这样的景物描写又被称作"环境描写"。（板书：环境描写）

> 评析：循景悟情，学生悟得：作者笔下的景物皆为主观之产物——意象，眼前之物皆着上"我"之色彩，都是作者情绪、情感或心灵的投射之物。依情布景，学生在两组意象的比较、辨析中体悟到情与景的协调统一。"猜猜看"的环节设计富有游戏特质，这样的言语实践活动别具匠心。

## 板块二 链接课文，启思引路

师：环境描写在我们以前学过的课文中也时有出现，请看——（PPT出示）

屋外寒风呼啸，汹涌澎湃的海浪拍击着海岸，溅起一阵阵浪花。海上正起着风暴，外面又黑又冷，这间渔家的小屋里却温暖而舒适……桑娜听着波涛的轰鸣和狂风的怒吼，感到心惊肉跳。

生：选自《穷人》。

师：本文主要写桑娜和丈夫收养邻居西蒙的两个孩子的故事，课文开头为什么要来这样一段环境描写呢？请抓住关键词句谈谈自己的理解（引导学生分别从桑娜、渔夫和西蒙三个不同的视角审视）。

生：渔夫在恶劣的天气里仍然出海打渔，说明生活艰辛。

生：屋外恶劣的环境烘托出桑娜内心的担忧与不安。

生：屋内的温暖舒适体现了桑娜的勤劳能干。

生：故事开头的糟糕天气似乎预示了不好的事情要发生，是一种不祥之兆。

师：601班的同学真是太厉害了，三言两语就破译了作者的写作密码，也道出了环境描写的作用。原来环境描写既是人物品质和心情的暗示，又是气氛的渲染和故事情节的铺垫。

> 评析：一段熟悉的文字，当放在陌生的教学情境中重新审视，才会发现里面竟然藏着这么多玄机和奥秘。在熟悉中发现潜藏的技巧与匠心，于平常处寻找表达的秘妙与神奇。环境描写的作用，全在学生多维的发现中，促使教学在"熟悉"与"陌生"之间走向无限可能。

## 板块三　巧借媒介，拾级而上

师：但凡艺术都是相通的。下面，就让我们欣赏一段微电影，看看摄影师是怎样用镜头来表现"环境"的。（边播放视频，教师边讲述：这部微电影截取自一部"感动得令人流泪"的电影，片名是《外婆的家》。77 岁的外婆，独自一人生活在大山里，靠卖菜维持生计。她非常疼爱自己 7 岁的外孙。这段电影片段表现的就是外孙想要吃鸡，外婆冒雨给他买鸡的情景。）

师：其中哪个镜头让你深有感触？

生：有一个镜头，外婆冒着暴雨行走在泥泞的山路上，看着挺让人感动的。

师：谁能说说眼前的这一幕？（反复播放这一镜头）

生：外婆一手拄着拐杖，一手拎着鸡，正在陡峭湿滑的山路上艰难地行走着。暴雨如注，她身上的衣服早已湿透啦。

生：因为外婆迫不及待地想为外孙做上一顿美餐，所以雨再大，路再滑，外婆的脚步也不肯停歇。

师：导演给出这样一个镜头，到底用意何在呢？

生：主要是要表现外婆对外孙的疼爱，即便暴雨如注，她心里想的只有外孙。

师：一位同学也写了他眼中的外婆。来，读一读这段文字——（PPT 出示）

粗布麻衣湿漉漉地贴在外婆身上，雨滴落在她银白的发丝上，再顺着她饱经风霜的脸庞滑落。外婆却毫不在意，手里紧紧攥着那只鸡，一步一滑地走在山路上。

师：习作就是把画面变成文字。跟电影中的画面相比，这段话是不是少了点什么？（生答：环境、景物）我们应该对哪些景物进行描写呢？

生：我觉得可以写一写大雨、树木、小路、远山等。

师：知道了写什么，还要清楚怎样写。谁再来说说？

生：我认为要抓住大雨中景物的特点，展开想象，用上比喻、拟人等修辞方法，突出环境的恶劣，以此衬托出人物的心情。

师：说得太棒了！请拿出作业纸写一写当时的环境。（学生写作，老师巡视指导）

师：谁来读一读自己的作品？

生：倾盆大雨从天而降，树木的枝条被肆虐的风雨蹂躏得耷拉下脑袋，外婆深一脚浅一脚地行走在泥泞不堪的山路上，雨帘模糊了外婆那佝偻的身影，雨幕让眼前的一切显得更加朦胧了。

师：言之有序，言之有物，形象生动，且抓住了特点，能够将人物与环境巧妙穿插起来，欣赏！

生：大雨从空中哗哗地泼洒下来，树枝在雨中疯狂地摇摆着，树木东倒西歪，像喝醉了酒一样。那陡峭的山路被雨水冲刷得更加湿滑了。朦胧的雨雾充斥山林，让外婆前行的道路充满了更多的未知与危险。

师：比喻的手法让你的表达锦上添花，这样的环境更加凸显了外婆行走的困难。短短的微电影，一个感人的场景，一次巧妙的添加，让我们懂得了环境描写的作用之大。

> 评析：任何追求须得别有机缘，或借天时，或得地利，或因人和，有了外因作条件，目标实现才会水到而渠成。王老师巧借新媒介，不仅解决了写什么的问题，还将抽象枯燥的文字表达变得生动活泼，变得亲切可感。"须得东君轻借力，望中别有一枝红"。新媒介犹如一枝红杏，冲破了传统的视域，让写作的天空变得生趣盎然。

## 板块四　添写"景语"，活学活用

师：我们是否能够恰当运用环境描写来传情达意了呢？请从下面的三个场景中随意选择一个尝试选取恰当的景物进行描写，烘托人物的心情。如果这三个都不想写，也可以自己另选一个情景来写。（PPT出示）

（1）家里就剩我一个人，午饭还没有着落。我趴在窗口望着窗外——

（2）经过几轮角逐，我终于获得乒乓球赛的冠军，带着激动和兴奋，我走出了校门——

（3）妈妈一点儿也不听我的解释，就喜欢冤枉别人，我越想越气，一赌气跑了出去——

（学生添写，老师巡视指导。）

师：交流分享的时间到了。第一个情境，谁先来？

生：屋外骄阳似火，如果没有空调，我早就成为一头烤猪了。望着外面川流不息的车流与人群，那喧闹声让我越来越烦，越来越饿。唉，看来今天中午只能饿肚子了。

师：谁来点评点评？

生：我觉得他的心理活动写得很好，可是环境描写似乎少了点。

师：老师和你的感觉一样。这位同学，趴在窗前，你还看到了什么？

生：窗外还有树、小狗和饭店。

师：此时此刻，这些景物在"我"眼里都是一种什么状态呢？（生面露难色）谁来帮帮他？

生：孤零零的小树无精打采。

生：小狗趴在地上直喘气，显得百无聊赖。

生：街角的饭店里飘来炒菜的香味，传来锅勺敲打的声音。

师：哈哈，这与《窃读记》里的描述简直有异曲同工之妙，为你点赞！（对第一位学生）听了大家的建议，你能再改改刚才的环境描写吗？

生：屋外骄阳似火，窗前那颗孤零零的小树垂头丧气地低下了头，邻家的大狗耷拉着脑袋，无精打采地趴在地上。闻到街角饭店里传来的阵阵菜香，我觉得更饿了。我多么希望妈妈的身影能出现在我的视线里……

师：改得好！那棵小树和你一样孤立无助，那只小狗也和你一样饥肠辘辘啊，我看到了望眼欲穿的你。还有谁愿意来读读自己的文字？

生：拿到冠军，我冒雨冲出了学校。大雨哗哗，仿佛在为我欢呼；雷声阵阵，仿佛在为我喝彩；狂风呼啸，好像在为我助威。任凭那雨水泼洒到头上、身上，感觉特别清凉、爽快。

师：同样的大雨如注，同样的电闪雷鸣，此时给你的感觉却是那般美妙。一样的景色，不一样的心情。你的描写再次印证"一切景语皆情语"。

生：妈妈一点儿也不听我的解释，就喜欢冤枉别人，我越想越气，一赌气跑了出去。外面寂静无声，夜风凄冷，路边那漆黑的树影在我眼前张牙舞爪。仰望天空，灰蒙蒙的一片，低沉压抑。

师：凄冷的不仅是夜风，还有妈妈对你的态度；灰蒙蒙的是天空，更是你此时的心境。你们让我看到了写作的新星冉冉升起！

> 评析：王老师这部分的教学让我们看到了课堂的生长性。课堂中师生、生生多主体间的交流、分享、互动让学生实现了对原有言语经验的再超越，实现了言语品质的再提升。三个语段的内容均非常贴近儿童的经验世界，利于儿童反映或表现自己的生活，体现了教学的儿童化视角。三个情境，任意选择，并允许自选内容，体现了开放性。对于习惯具象思维的孩子来说，借景抒情的写作知识不是难点。但"懂"只是停留在"了解层面"的陈述性知识上，上述教学引导学生在实践过程中将陈述性知识内化为了程序性知识，体现了语文学科的实践性。

## 板块五　总结全课，应用迁移

师：同学们，这节课就要结束了，你都有哪些收获呢？

生：环境描写在作文中很重要，可以烘托人物的心情，可以突出人物的特点，可以暗示将要发生的故事情节。

生：环境描写要抓住景物的特点来写，用上合适的词语来描述，用上比喻、拟人的修辞手法，达到衬托、渲染的目的。

师：说得真好，你们分别总结出了环境描写的作用与方法。希望同学们今后在写人记事的习作中恰当地运用环境描写，让自己的文章增光添彩。看，老师留给你们两道作业题：一是网上观看《外婆的家》高清完整版，相信你会有更多的发现与收获；二是找出一篇自己的习作，补充、调整文中环境描写，以此提升习作质量。下课！

总评：

王老师的本节课目标直指"如何恰如其分地描写环境"，不求教得完整，但求学得充分。这节课值得称道的地方很多，其主要亮点如下：

一、巧借新媒介，趣学环境描写

精选优质影视资源，剪辑处理后引入课堂，聚焦重点画面，反复播放，分解赏析，学生轻松悟得了环境描写的作用与技法，实现了从"镜头语言"向"文学语言"的有效迁移，突破了教学难点，可谓"四两拨千斤"。用有声有色有趣的"微电影"来激发写作动力，契合儿童的心理特征，在帮助儿童思维发展的同时，促进了其言语品质的提升，能有效拓展他们的精神疆域，提升他们的精神品位，可谓一举多得。

二、牵手小语段，凸显读写结合

新媒介习作并不排斥教材文本。王老师在教学的前两个板块中引入了名家名篇和教材课文里的语段，先通过"猜一猜""选一选"的言语游戏进行情景搭配，让学生感知环境描写中情景统一的重要性，接着链接课文语段，探究环境描写的作用，起到了经典导航，先声夺人的效果。这里的"感知"为后续的言语表达"实践"与"迁移"奠定了坚实的基础。这充分体现了教者敏锐的资源意识，准确地挖掘和利用文本中的语言训练点，实现读写迁移的精准与实用。

三、关注生长点，提升言语品质

王老师精心设计表达训练的课程内容着力学生文字能力的生长，在环境描写的训练中直接指向提升学生实践运用语言的质量，在意象的选择、情感的投射、词句的斟酌等方面引导学生向名家、导演和同伴学习，实现了无痕指导，自由生长，促进了从"消极语用"向"积极语用"的转化。

（评析人：江苏名师 李争）

# 让真情在细节中流淌

## ——《看微电影，学细节描写》实录与评析

### 板块一　关注细节，捕捉"动情点"

师：今天，老师给大家带来了一则公益广告，一起来看看吧。这则广告非常感人，老师希望大家认真看，看看哪个镜头最能感动你？

（播放视频《打包》。）

师：视频看完了，能跟大家分享一下最能打动你的镜头是什么吗？

生：老父亲抓起饺子放进口袋，说要留给儿子吃的镜头感动了我！

师：你看得很认真，一下子就捕捉到了这感人的一幕。从老父亲的"一抓一放"中，你体会到了什么？

生：我体会到了伟大的父爱。

师：还有哪个镜头深深地打动了你？

生：老父亲说"这个我留给我儿子吃，我儿子最喜欢吃这个了"这句话深深地打动了我。

师：哦，你又是被老父亲的话感动了。是啊，老父亲忘记了一切，却始终

记得自己的儿子喜欢吃什么。这也是这则广告最想告诉我们的——

（课件出示最后一句话。）

生齐读：他忘记了很多事情，但他从未忘记爱你！

师：是啊，孩子们，短片之所以感人，就是因为摄影师善于捕捉这些生活中的小细节，如"一个动作""一句语言"……其实，在生活中，往往能触动我们心灵的也是一些不起眼的"小细节"。我们要学会捕捉细节，写出自己的真情实感。

> 评析：用一则感动人心的公益广告导入新课，在触动学生心灵的同时，迅速切入了教学的主题——细节描写。

## 板块二　对比阅读，学习细节描写

师：艺术都是相通的，摄影师拍摄的视频是如此打动观众的心，那么，在我们的文学作品中，作家又是如何用文字来打动读者的心呢？下面，我们一起来看看两个文字片段。

（出示片段一。）

> 我叫爸爸先回去，爸爸说要到那边的月台去给我买几个橘子。于是我就在原地等着爸爸去给我买橘子。

师：谁来读读这段话？（指名读）你能说说这两句话讲了一件什么事吗？

生：这两句话讲父亲要去给我买橘子吃，叫我在原地等。

师：这两句话能打动你吗？（学生摇头）如果叫你来描述这样一个场景，你可以添加哪些描写？

生：可以加上语言、动作等。

师：其实啊，这个情景来自现代著名作家朱自清爷爷的《背影》，我们一起来看看他是怎么描述的。（出示片段二）

> 我说道："爸爸，你走吧。"他望车外看了看，说："我买几个橘子去。你就在此地，不要走动。"我看那边月台的栅栏外有几个卖东西的等着顾客。走到那边月台，须穿过铁道，须跳下去又爬上去。父亲是一个胖子，走过去自然要费事些。我本来要去的，他不肯，只好让他去。我看见他戴着黑布小帽，穿着黑布大马褂，深青布棉袍，蹒跚地走到铁道边，慢慢探身下去，尚不大难。可是他穿过铁道，要爬上那边月台，就不容易了。他用两手攀着上面，两脚再向上缩；他肥胖的身子向左微倾，显出努力的样子。这时我看见他的背影，我的泪很快地流下来了。

师：请大家快速默读，找一找作者运用了哪些描写方法？

生：有语言描写、外貌描写、动作描写。

师：对，正如刚才我们交流的一样，添加了语言、外貌、动作描写。你从"我"和"父亲"的对话中读懂了什么？

生：我感受到"我"虽然是大人了，但在父亲的眼里，"我"还是一个没长大的孩子。

师：你真是一个会读书的孩子，藏在文字里的秘密都被你发现了。老师觉得在这段文字里，作者抓得最精彩的细节就是父亲的一系列动作，你能找出这些描写动作的词吗？并想一想透过这些动作，你看到了一位怎样的父亲？

（学生边读边找，做批注，教师巡视指导。）

师：孩子们，我们来交流交流。描写父亲动作的词有哪些？

生：描写父亲动作的词有"穿过、爬、攀、缩、微倾"。

师：你找得很准确，能不能说说，你看到了一个怎样的父亲？

生：我看到了一位伟大的父亲！

师：伟大具体表现在？

生：表现在父亲给我买橘子那一连串的艰难动作中！

师：你透过这一连串的艰难动作还看到了一位怎样的父亲？

生：一位爱自己孩子的父亲！

生：一位虽然肥胖，但依然坚持要穿过铁道、爬到那边月台为孩子买橘子的父亲！

师：是啊，孩子们！像朱自清爷爷这样，善于捕捉普通的生活场景中最能打动人的细节，抓住人物的语言、动作、神态等加以描述，就会像摄影师的镜头一样深深地打动读者的心！大家想不想试一试？

> 评析：截取经典名篇中的片段来对比赏析，感受细节的力量。父子情深，主题相同；细节传情，手法类似。从微视频到文本的过渡，对接自然，水到渠成。

## 板块三　观看微视频，练习细节描写

师：最近网上有一段很火的视频，叫《老师不是神仙》，请大家仔细看，镜头中的哪些细节让你感动？

（播放视频《老师不是神仙》第一小节。）

师：老师真的是神仙吗？（学生笑，摇头）你能用一个词来形容视频中语文老师的工作吗？你是从哪个镜头中捕捉到的？

生：工作辛苦。老师批改时间长，一连就是三个钟头。

师：你是从哪些镜头中体会到的？

生：我看到时钟出现了多次。

师：捕捉细节，你学会了，真棒！继续交流，你还从哪些镜头中体会到了老师的辛苦？

生：我从老师"伸伸腰、扭扭脖子"等一系列动作中体会到了老师的辛苦。

生：我觉得老师工作非常认真。我是从作文本上的评语中体会到的。

师：你们观察得真仔细。老师的评语也是一个细节镜头，如何用语言把这个细节展开描述出来呢？

生：老师会在每篇作文后面写评语，鼓励我们。

生：写得不好的地方，老师会用红笔帮我们修改；写得好的地方，老师会鼓励我们。

师：看来大家对今天所学的"抓住细节，展开细节"的方法都掌握了。下面请拿出作业纸，抓住镜头中的细节（环境，人物语言、动作、外貌），写下那个最让你感动的地方。

（出示视频截图。）

（学生动笔写作，再交流评析。）

生：以前，我不喜欢写作文。每次，一到作文课，我总是愁眉苦脸，抓耳挠腮，不知该从何下笔。但现在喜欢了，因为我最喜欢看老师给我写的评语了。你瞧，老师的批改多么认真呀！打开作文本，映入眼帘的是红色的修改符号和改动后增添的小字，密密麻麻，到处是红色的圈、对勾或直线、曲线。老师要批改全班几十位同学的作文，是多么辛苦！这不，老师一下课，就埋头批改起来。一个小时过去了，两个小时过去了，老师还在认真批阅着，时间太长了，老师的颈椎发出了强烈的抗议。老师不得不放下手中的笔，轻轻地捏捏脖子，扭扭脖子，又拿起笔继续批改着。"嘀嗒、嘀嗒……"又一个小时过去了，终于只剩下最后一本了，老师长嘘了一口气，伸了个腰，又打开作文本认真地批阅着，细细地品读着……看着一摞批改好的作文本，老师会心地笑了，端起批改好的作文向教室走去……

（生生评价。）

师：这位同学写得十分精彩，主要优点在于找准"动情点"，捕捉细节，并展开了合理想象，描写细腻，使文字极富画面感，令人感动，值得大家学习！下面我们继续欣赏视频，一起走近班主任好吗？

（继续播放视频第二节。）

师：看完了这一节，你关注到了哪些细节？

（生口述视频细节，教师相机出示相关截图。）

> 评析：这两段微视频的引入与利用，选材恰当，运用恰当。视频中的教师生活与形象跟学生十分贴近，易于产生共情；视频中的小镜头恰似文学表达中的细节描写，引导学生捕捉、描述，实际就是在教他们学习观察生活，用言语表现细节。

### 板块四　总结升华，布置课后习作

师：这节课，我们在感人的故事中感受感动，在感人的故事中提升认识，在感人的故事中学会表达。我想同学们在生活中也一定看到、听到或亲身经历过令你们特别感动且难以忘怀的事情。结合你们的生活体验，请认真想一想哪一件事曾经令你深深感动？请运用今天所学到的细节描写方法把这件事写下来吧。

> 评析：有了微视频习作的聚焦训练，孩子们带着看电影的视角去观察生活、捕捉细节、表达细节，传递刹那间的真情实感就成为可能。让学生及时从视频语境走向生活语境，就是为了迁移运用，就是学用一致。

（本课执教人：吴桂华）

# 追寻柳暗花明的"踪迹"

——《学写导游词》教学实录与点评

## 板块一　创设情境，导入课题，明确要求

师：今天老师给大家带来了一位特殊的客人，想知道他是谁吗？答案就在视频中。

（播放西安秦始皇兵马俑博物馆导游员金凯迎接游客时的一段视频）

师：谁来说说这位叔叔是干什么的？

生齐答：导游员。

师：都知道啊？随着旅游事业的发展，导游员越来越多，已经成为一个非常重要的职业。导游员引导游客游览时的讲解词称为"导游词"。（板书：导游词）

师：今天，我们就来学习"导游词"的写法。（补充板书：学写）

点评：采用真实的导游视频导入新课，直观、亲切，瞬间唤醒了学生的生活经验，让习作与生活互融共通，帮助学生初步建立"导游词"的概念。

## 板块二　对照范文，观看视频，探究特点

师：导游词到底该怎么写呢？大家赶紧打开范文1《秦兵马俑导游词》仔细阅读，对照课文，看谁能找出解说词与课文的异同。

（学生默读，批注。）

（1）交流导游词跟课文的相同点。

师：谁发现了导游词跟课文的相同点？

生：我发现导游词和课文一样用了列数字和比喻、拟人的方法，使句子更加具体、形象。

生：我发现导游词跟课文一样都是先概括介绍，再具体描述，最后总结。

师：你们真是火眼金睛，一下子就发现了导游词与课文在结构和语言上

的相同点。是的，导游词也需要对游览的景点做一个总体介绍，可以说些什么呢？

生：可以介绍位置、面积、风光、历史地位等。

师：是的，像刚刚大家浏览的范文里就介绍了景点的位置、面积，"举世无双"就代表它的历史地位等。不过这些基本知识一定要真实可靠，不可胡编乱造。这就是导游词的一大特点——"真实性。"（板书：真实性）

（2）交流导游词跟课文的不同点。

师：那谁发现了导游词与课文不同的地方呢？（生面露难色）不着急，我们先来看一段视频，相信大家一定会茅塞顿开。

（播放导游员金凯的开场白。）

师：金凯叔叔的这段解说，课文里有吗？多了什么呢？

生：这段视频里多了问候语。

生：多了介绍自己的话。

师：对，这就是导游词的"开场白"，既可以写问候语、欢迎词，又可以进行自我介绍。

师：还有什么发现？

生：导游词里还有提醒游客的语句。

生：导游词里经常会见到导游在跟游客交流。

师：对，这就是导游词另外一个特点——"互动性"。（板书：互动性）比如，刚刚视频中金凯叔叔说的"大家好，欢迎大家，希望大家在参观的过程中过得愉快。请大家这边走"等都是互动性的语言。例文中还有很多类似的话，我们来找一找。

生：好了，我们现在已经到了秦始皇陵园，请大家依次下车。

生：现在我们来到的是一号坑。我们可以走进大厅再细细游赏，游赏时也要注意安全哦！

生：大家请看……

师：一下子就找到了不同点，说明大家都有一双慧眼。下面我再来考考大家的眼力，看谁能发现这段解说词与课文还有什么不同。

（课件播放讲解秦兵马俑的视频。）

生：我发现视频中这位导游员解说时还加入了传说，更加生动、有趣。

师：是的，你真会倾听。同学们，当景点的背后有丰富的历史文化内蕴时，我们就可以挑选那些主要的有价值的资料作为适当的穿插与补充。这样就

使导游词更加具体、生动、有趣。这就是导游词的另一特点——"趣味性。"（板书：趣味性）

师：同学们，导游词在语言上和课文的表达也有所不同，你们发现了吗？

生：我觉得导游词看起来就是导游在跟游客说话。

师：是的，导游词通俗易懂，特别亲切，不像写景文中的书面语较多，这就是导游词另一特点——"口语化"。（板书：口语化）

师：还有其他发现吗？

生：结尾处有结束语。

生：结尾是对本次旅游的总结，或者说一些感谢和告别的话。

师：同学们，通过刚才的对比探究，我们发现导游词的内容既可以真实地介绍景点的知识或风光，可以穿插有关景点的故事、传说，使解说妙趣横生，又可以适当地跟游客互动。

点评：引导学生在范文与课文、视频与课文的多次对比中探究课文与导游词的异同，自主发现导游词的结构与语言特点，为下一个教学环节搭建支架，同时让学生享受了发现的乐趣，打消了对习作的畏难情绪。显而易见的是，本环节中视频的介入在帮助学生探究与发现的过程中优势明显。

### 板块三　初步改编，交流评点，体会写法

师：大家初步了解了导游词的特点，想不想试着写一写呢？

生：想。

师：那就请打开课本翻到 18 课，根据《颐和园》的课文内容，选取其中你最喜欢的一个景点改写一段导游词。学习单上，老师已经为你们写好了开场白和结束语，请在中间的空白处快速补写一段导游词吧！注意语言尽量口语化，而且要有与游客的互动哦！

（学生尝试改写，教师巡视指导。）

师：谁愿意先来尝试当一当导游呢？好的，你来吧。请大家认真倾听，待会儿我们一起来评价。

生：各位游客，大家好！我是快乐旅行社的导游员，我叫马叶超。今天就由我来带大家游览颐和园。现在我们来到了十七孔桥。请大家数一数，这座石

桥是不是有十七个桥洞？石桥上有上百根石柱，每根石柱上都雕刻着许多小狮子，姿态不一，没有哪两只是相同的。颐和园有许多美丽的景色，说也说不尽，下面请你们自己细细游赏吧！请大家注意安全，自觉保持整洁，不要破坏公物哦！

师：谁来评一评这位小导游的导游词？

生：这位同学讲得不错，介绍了十七孔桥的风光。

生：他写的导游词里有许多互动性的语言，如"现在我们来到了……请大家……"

师：你真是一个善于倾听的好孩子。为了更好地介绍十七孔桥，你有什么建议吗？

生：我觉得还可以引导游客观察并描述石柱上狮子的不同姿态，这样更加细致，更加突出十七孔桥的精美。

师：你的建议太棒了，谢谢你。

> 点评：通过试编导游词体会其基本特点，体验如何把书面语转化为导游词语言，突破此次习作的难点。《颐和园》是本单元的精读课文，学生较为熟悉，选择它作为习作实践的内容，降低了难度，足见老师的匠心。

## 板块四　范文导写，引用资料，修改提高

师：同学们，将课文内容进行改写，增强互动性、口语化，一份像样的导游词就出炉啦。不过，要想使解说更风趣、更精彩，我们还得下点功夫。请看下面的导游词范文片段，看谁能最先发现其中的奥妙。

（出示范文，学生默读）

> 大家请看这条长廊，它有700多米长，分273间，每一间的横槛都画着五彩的画……长廊还有一个妙处：这条长廊长达750多米无依靠，无有砖墙支撑，两百多年间，虽然多次狂风暴雨袭击，但未被吹倒过一次。关于颐和园长廊还有一则传说：传说，颐和园建好后，慈禧每年有一大半的时间要在这里"颐养天年"。开始的时候，她很喜欢这里的江南景色，但时间一长，就觉得什么都不新鲜了……不久，在万寿山南坡与昆明湖之间就出现了一条长长的走廊。

生：我发现这里面加入了一个关于长廊的传说。

师：是的，作者用了"关于颐和园长廊还有一则传说"这句话进行过渡，将搜集的传说巧妙地穿插其中。

师：这样写有什么好处呢？

生：更有趣。

师：是的，这样做使导游词的趣味性更强，充满了神秘感，更能吸引游客。

师：还有其他发现吗？

生：范文里，除了把长廊的传说加进去了，有的地方还引用了资料，比如介绍了长廊的妙处。

生：还有讲长廊上面的花纹等都是作者搜集的资料。

师：是的，这样一来导游词就比课文更有趣味了。同学们，听金凯叔叔说现在有一批外国游客要来参观颐和园，你们想不想当导游啊？请大家参考资料单上老师提供的景点资料，再结合自己搜集整理的一些有价值的资料，进一步修改刚才撰写的片段，使它更具魅力。

（教师巡视指导，个别点拨取舍资料。）

师：请写好的同学看看桌子上面的评价清单，你可以读一读自己写的导游词，对照评价清单，给自己评一评，在上面打五角星。完成自评后，同桌交换给对方评一评，在互评栏里打五角星。

（学生自评、互评，教师巡视评价。）

> 点评：本环节范文的引入，针对性强，目标指向明显，效果颇佳。针对每个学生习作内容不尽相同，教师采取了个性化的指导，在"有特色内容"的选择上当堂进行点拨，必要、有效。

师：谁愿意用你精彩的解说带领这批外国游客游览颐和园呢？好的，有请这位小导游，请其他同学认真倾听，边听边对照评价单，待会我们来评一评，并给他提出修改意见。

生：各位游客，大家好！我是阳光旅行社的导游员，我叫吴涛，你们可以叫我吴导。今天就由我来带大家参观举世闻名的颐和园。现在我们来到了美丽的十七孔桥，这座石桥有十七个桥洞……大家再看，桥栏杆上有上百根石柱，每根石柱上都雕刻着许多小狮子，姿态不一，有的母子相抱，有的玩耍嬉戏，有的你追我赶，有的凝神观景……个个惟妙惟肖，您可以找找看，看能不能找到有哪两只是相同的？没有吧，是不是很神奇呀？颐和园有许多美丽的景色，说也说不尽，请你们自己细细游赏吧！请大家注意安全，自觉保持整洁，不要破坏公物哦！

师：嗯，还真有点小导游的味道。我们来评一评，他重点介绍了什么？

生：重点介绍了十七孔桥的结构与样子，加入了狮子形态的描述，很生动。

师：狮子的形态描写是课文里没有的，这是合理引用资料的好处。那么，对他的导游词，你有什么修改建议吗？

生：如果有传说还可以加进去。

师：还有介绍其他景点的吗？游客还意犹未尽呢。

生：我写的是万寿山，把万寿山的传说加进去了。我是这样写的——这座万寿山，在元朝时名叫"翁山"，传说……

师：谢谢你的精彩导游，听着你的介绍，老师都入迷了。

> 点评：编写同一篇导游词，可以体现较强的训练功能。在学生自评、同桌互评的基础上，集体汇报，师生即兴点评，多元化的评价使学生进一步感悟导游词的写作方法，在交流中相互学习，相互促进。

## 板块五　学习小结，拓展延伸，布置作业

师：刚才几位同学导游词写得不错，讲得也很出色，相信你们以后完全可以成为一名优秀的导游。写好导游词，资料收集、整理很重要。（点击幻灯片）瞧，这是我们同学课前搜集的资料，有景点风光，有故事、传说，还有其他方面的资料，而且分门别类，书写美观。这样，写起导游词来就方便多了。课后请大家将颐和园的导游词修改完善好，并且另选一处世界遗产写一篇导游词，向游客充分展示我国自然、文化遗产的无穷魅力吧。

总评：

本节习作指导课扎实有效，层次清晰，先立足文本，巧借视频，在对比探究中感知导游词的基本特点与写作规范，然后尝试将课文改编为导游词，在转换与添加中进行习作实践，形成初步的导游词写作能力，最后通过课后的完善、拓展加以强化。"认知—实践—迁移"，步步为营，拾级而上，成功引领学生追寻柳暗花明的"踪迹"。

文本阅读的力量充分彰显。以导游词范文为参照，与教材写景文比对，在

寻找异同中迁移写景的方法，发现导游词的表达特点，再将熟悉的教材课文改写成导游词，降低了表达的难度，丰富了言语图式，进一步凸显了阅读的价值。

微视频的介入"四两拨千斤"。执教者本课中多处引入了秦兵马俑的真实导游视频片段，熟悉而陌生，亲切又直观，生活化的视频场景拉近了习作与生活的距离，形象呈现出导游词与写景文的区别，轻松突破了教学的难点，切实提高了教学效率。

（本课执教人：孙姣娥）

# 后记：积微成著，笃行致远

这是我写的第一本书。

因为第一，所以在即将付梓之际，还是决定写篇短文以记之。

这本书，是一部"等"出来的作品。按照原计划，作为全国教育信息技术课题的结题成果，它应该在2018年底之前出版。可是2016年开始的课题研究，正好赶上小学语文教材从人教课标版向统编版更迭。这次教材改版，直到2020年春季才完成。2018年底结题在即，我只能暂时放弃将课题成果结集出版的念头。等到2021年，即我们将课题经验普遍应用于统编教材教学实践两年之后，出版时机才成熟。好饭不怕晚，如果这本书能让读者感觉实用，那就体现了它应有的价值。

这本书，是一部"做"出来的作品。对于一线教师，好文章不是"写"出来的，而是"做"出来的——这是我二十多年教育科研的心得。源于实践，植根实践，服务实践，是一线教师教育科研的优势和特点。21世纪10年代之后，随着校园信息技术设备的普及，新媒体成为课堂教学的新宠。可以断言我不是第一个将微视频引入习作教学的，但很可能是第一个提出"微视频习作"这个概念的。2014年秋，我将自己的实践心得写成一篇《"微视频习作"的教学价值与操作策略初探》，发表在《新作文·小学作文创新教学》杂志2015年第3期，很快又被人大复印报刊资料《小学语文教与学》全文转载。随着2016年全国教育信息技术课题《"微视频习作"的课程价值与教学实践研究》成功立项，这项研究逐步走向深入。近年来，我和工作室、课题组的小伙伴们大胆实践，认真反思，及时总结。统整教学媒介，开启了一片习作教学的全新视界；统整心理效应，构筑了一套情智交映的实践操作体系。在理论与实践层面均取得了丰硕的成果，在国内小语界产生较大影响，也为本书的撰写积累了丰富的素材。实践出真知，相信这本书里会让读者感觉可操作性是很强的。

这本书，是一部"夸"出来的作品。草根教师写书，需要勇气。而我的这份勇气，既来自于从成功走向成功的实践体验，更来自于专家、同伴的肯定与鼓励。"微视频习作"初露头角，就受到小学语文教学纸媒的青睐。我和小伙伴们撰写的数十篇课例、论文陆续在多家核心期刊发表，除了上面提到的两家，还有《小学教学》《小学语文教学》《小学教学设计》《语文教学通讯》《小学语文教师》等期刊。我们的研究成果先后受到周一贯、张祖庆、李争、戴正兴、罗先慧、杨文华、王冬精等小语专家、大学教授和媒体人，以及国内一线教师的广泛关注与充分肯定。工作室和课题组老师的"微视频习作"典型课例也在市级、省级、国家级优质课大赛中屡获大奖……这些成绩的取得，极大地鼓舞着我潜心于这项课题的实践与推广。十年磨一剑，"微视频习作"是我过去十年从事教学研究的最大动力源，也是我最引以为荣的一项研究成果。

微视频习作课程的开发与研讨，有力地促进了教师专业化水平的提升。仅仅是 2021 年，王华星工作室、课题组就有二十几位老师被评为市级名师工作室主持人、名班主任、市学科带头人或骨干教师。这项研究，更给实验学校的作文教学打开了一扇明亮的窗，参研老师普遍反映：有了"微视频习作"，作文课变得好教了，学生的习作兴趣浓厚了，课堂教学效率和学生的习作水平明显提高。这，是最令我感到欣慰的事。

2022 年版《义务教育语文课程标准》在"课程实施·教学建议"中指出：教师要关注互联网时代语文生活的变化，探索语文教与学方式的变革，认识信息技术对学生阅读和表达交流等带来的深刻影响，把握信息技术与语文教学深度融合的趋势，充分发挥其在语文教学变革中的价值和功能。我想，"微视频习作"是一条可以继续探索和推广的落实信息技术与习作教学深度融合的路径，大有可为。

多年以前，在阅读了很多教学期刊之后，有个声音在我耳边响起：我也要写文章，也要投稿，也要把自己的作品发表在这些刊物上！于是，写着，写着，投着，投着，第一篇文章见刊了，第二篇，第三篇……几十篇文章发表了。

很多年以后，在拜读过很多名师的教学专著之后，又有个声音在耳畔响起：我也要写书，我也要出版专著，最好能写出一本高质量的畅销书！于是，想着，想着，写着，写着，第一本书真的就要出版了。有了第一本，第二本还会远吗？

这些事，想一想都很幸福，也很美好。

感谢关心、支持此项研究的所有领导、专家，以及陪我一路同行的小伙伴们！

感谢全国著名特级教师张祖庆先生不嫌拙著鄙陋欣然作序，感谢他对我一路的引领与鼓励！

王华星

2022 年 8 月 16 日